JN108201

今永昇太の
ピッチングバイブル
SHOTA IMANAGA

YOKOHAMA DeNA
BAYSTARS
21

はじめに

僕は小学生のときにソフトボールを始め、中学校の軟式野球部で投手としての人生をスタートさせました。そこから高校・大学を経て（2015年ドラフトで）プロ入りしたわけですが、これまでの経験も踏まえて実感しているのは、野球というのは決して「投手が良い球を投げる選手権」ではない、ということです。試合における最大の目標はあくまでも「チームが勝つこと」であり、投手の役割としては「打者を抑えて失点を防ぐこと」が一番大事。では、そのためには何が必要かと言うと、まずは「投げやすさ」だと思います。

結局のところ、投球動作のメカニズムなどの理屈はもちろん存在するのですが、いくら理に適っていても、そもそも自分が投げやすい投げ方でなければコントロールの部分で苦労し、ストライクを取ることに必死になるでしょう。つまり、意識が「対打者」ではなく「対自分」になってしまう。これは打者と対戦する以前の問題です。したがって、まずはどんなフォームであっても「自分がストレスを感じない投げ方」を作り上げること。それが前提にあった上で、なおかつ「打者が打ちにくいと感じるフォーム」や「自分が理想としているボール」に近づけていくことが大事だと考えています。

プロ入り後などは特にその部分を追求してきたのですが、実は2020年あたりまではまだ頭の中に「こうやって投げなきゃいけない」というイメージがあり、投球フォームについても１つずつの動作を細かく考えてしまっている自分がいました。そして「どこかしっくり来ないな」と、常に不安や違和感などを抱えながら戦っていました。そこからようやく「フォームに固執しなくても良いんじゃないか」と考えられるようになったのが2021年のことです。同シーズンの終盤からは上手く脱力しながら投げられるようにもなり、2022年には投球におけるマインドや自分なりの感覚をしっかりと確立して臨むことができていたと思います。

本書はそんな僕の考え方をまとめたものです。あくまでも2023年シーズン現在の考え方であって、もちろんまだまだ足りない部分もあるのですが、逆に言えばそれが今後の伸びしろだとも思っています。この本を通じて、少しでも野球に興味を持ってもらえたり、また参考にしてもらえたりするのであればすごくうれしいです。

今永昇太

今永昇太の
ピッチングバイブル

CONTENTS

協力／横浜DeNAベイスターズ
装丁・本文デザイン／浅原拓也
イラスト／丸口洋平
写真／桜井ひとし、BBM
構成／中里浩章

CHAPTER.4

CHAPTER. 1
投球動作の考え方

「投球フォームに正解はない。
自ら意識して動かす領域と
無意識で動く領域を理解して、
その日に合った使い方をする」

YOKOHAMA
21

投球フォームの形そのものには固執せず 右足が着地したときの体の状態を重視する

僕の根本的な考え方ですが、投球フォームというのは正解があってないようなもの。ですから、近年は「投げ方には固執しない」ということをいつも念頭に置いています。最終的には「自分が投げやすいフォームで理想のボールが行く」というのがベストだと考えていて、まずはいかに自分が投げやすいフォームを見つけるか。そして、そのフォームの中でいろいろな部分を微調整していきながら、ボールをできるだけ理想に近づけていく作業をすることが大事ではないかと思います。

そういうマインドになってきたのは、プロ６年目の2021年あたりから。振り返れば、僕は高校生や大学生のときには「こういうテークバックをしなければいけない」「足の上げ方はこうしなきゃダメだ」などと、細かい部分まで投球フォームを追求していました。また、プロ入り後も最初のうちは常に理想のフォームを思い描いており、すべての動作において「こういう使い方をしなきゃいけないんだ」とこだわりすぎていたような気がします。そんな中、21年のシーズンでふと「大事なポイントだけをしっかり押さえておけば、そこまで細かく決める必要はないんじゃないか」と思えるようになり、翌22年は春季キャンプからすごくスムーズに投げられるようになったのです。さらにシーズン中も、力を入れるポイントと脱力するポイントをしっかりと理解しながら投げるようになって、成績が安定。そして、感覚の部分でも手応えを得ることができました。

では、投球動作の中でどんなフォームにも共通する大事なポイントはどこか。僕が感じているのは「ステップした足が着地した瞬間に自分の体がどういう状態になっているか」です。

つまり、僕の場合は左投手なので、右足を地面に着いたときの状態が大事だということ。ここで上下の捻転差をしっかり作ることができていて、なおかつ体が回ったときに腕をしっかり振れる環境が整っているかどうか。この瞬間における形やバランスによって、その後がどういう動きになってどういうボールが放たれるのかという部分が決まっていきます。正直なところ、着地後の動作――体が回っていきながらリリースするまでの使い方というのは、一瞬の間で行われる無意識領域の範疇（はんちゅう）になるので、自分の中でどれだけ意識

右足を着地したタイミングで上下の捻転差ができていて、腕をしっかり振れる体勢が整っているかどうかが重要。ここから先は無意識領域に入る

をしようとも修正するのは難しいものです。だからこそ、特にリリースから先の結果などはあまり見すぎず、「足を上げてから地面に着くまで」の局面を重視しています。

足の上げ方や腕の使い方などは、コンディションなどによって合うものが微妙に変わってくる。だからこそ、その日に合った使い方を探っていく
マキラー

ここで1つ言っておきたいのですが、着地までの体の使い方を意識するとは言っても、そもそも足の上げ方やテークバックの取り方、グラブ側の腕の使い方などは「これが良い」と決められるものではありません。たとえばシーズン中の場合、同じ動作を正確に続けられたとしてもせいぜい3試合くらい。基本的にはその日の疲労度や筋肉の張り、試合当日の練習メニューや前日の練習メニューなどによってコンディションは変わってくるものなので、バランスよ

く投げるためには体の状態に合わせて動作も微妙に変えなければならないのです。もちろん、見た目で大きくガラッと変わるわけではないのですが、僕の感覚の中では毎日、事細かに変わっています。「足を着いた瞬間の自分の形」に至るまでの動きはその日によって違う。だからこそ、「"今の自分"が一番投げやすくて理想のボールが行く使い方」を日々求めていくことが大事だと思っています。

関節の可動域の「パッシブ」と「アクティブ」を理解し リリースに向けていったん脱力してから出力する

僕は自分の投球フォームを映像や写真などで見たとき、「こういうふうに投げているつもりはないんだけどな」と思うことがよくあります。どんな人間であっても、自分が意識していること（イメージ）と実際に起こっていること（現実）の間には少なからずギャップがあるものです。

ただ、そのギャップの中にも良いものと悪いものがあります。たとえば自分の中ではメチャクチャ力を入れて投げているつもりでも、周りからは「なんでそんなにリラックスして投げられるのか」と言われることがありますが、これは"良いギャップ"と言えます。逆に自分の中ではかなりリラックスしているつもりでも、どこか余計な力が入っているようなフォームに見えてしまうこともあります。こちらは"悪いギャップ"で、投球フォームの力感から想像されるボールしか行かないので、打者にとってはすごく合わせやすいと思います。したがって、「こうやって投げていたつもりがこうなっている」という部分ができるだけ"良いギャップ"になるようには心掛けています。

そのためには、先ほど触れた「力を入れるポイント」と「脱力するポイント」を把握しておくことが大事だと思っています。「力を入れるためにはその前にどこかで力を抜かなければならない」というのが僕の考え。ですから、力を入れるタイミングの１つか２つほど手前で脱力する、ということが重要です。

ここで言う“脱力”は「自分が思っているよりも力を抜いて、本当にゼロにするくらいの感覚」という表現になります。もちろんボール自体には重さがあり、実際にゼロにすると落ちてしまうので、ボールを支える最低限の力は入っています。ただ、イメージはやはり脱力で、ボールの重さだけを感じながら腕を振り、あとは関節の可動域や投球に必要なメカニズムを頭の中でちょっと意識する程度。基本的にはボールの重さを利用して投げていて、骨や筋肉はその動きに合わせて使っている感覚です。

なお、専門的な話になりますが、関節の可動域には「パッシブ（Passive ROM=関節を他動的に動かした場合の可動域）」と「アクティブ（Active ROM=関節を自動的に動かした場合の可動域）」の２種類があります。分かりやすく言うと、外部からの力が加わることで引き出される可動域が「パッシブ」で、自分から意識的に動かして生み出す可動域が「アクティブ」。投球動作の場合、たとえば投げに行くときに肩がどれだけ外旋しているか、上下でどれだけ捻転差を出せているか、胸まわりがどれだけ柔らかく使えているか…このあたりは無意識のうちに引き出されるものなので「パッシブ」です。この可動域を自分で出そうとすると、無意識領域のタイミングでどこかの筋肉を意識的に使うことになり、動作がスムーズではなくなってしまいます。ただ、だからと言って最初から最後まで常に無意識でいると、その日の状態によって体の使い方が大きく左

右されてしまいます。したがって、僕は練習のときから「アクティブ」のほうを意識していて、無意識領域ではない局面（始動から着地して回り始める直前までの間）で肩やヒジ、胸まわりや骨盤まわりの可動域を出せるようにと考えています。これらを自分で調節できるようになれば、体のバランスが整った状態で腕を振りに行けるので、無意識領域に入ってもしっかり自分の出力をコントロールできるのです。

と、"脱力"について話してきましたが、では"出力"のタイミングはどこなのか。僕の感覚では、脱力しながらテークバックを取り、力をいったん抜いた状態からボールを投げに行くのですが、腕を振るタイミングになると左手（ボール）に対して遠心力が掛かるので、負けないように力を入れ始めています。ですから、具体的に言えば「遠心力に負けないように力を入れ始めてからリリースまでの間」。このタイミングで脱力から出力に切り替わることにより、リリースに上手く力が伝わっていくのだと思います。

さらに細かく言うと、腕の動きというのは体の回転に合わせて振られていき、外旋から内旋に切り替わってリリースに至るわけですが、"出力"は内旋に向かっているタイミングの話で、最大外旋位の時点ではまだ"脱力"です。この形というのは自分から腕を動かして作ろうとするものではなく、上体を固定しながらも脱力をしておいて、骨盤が回ることで腕がボールの重さによってグッと後ろへ行くから勝手に作られるもの。ボールの重さを感じられるくらい脱力しているからこそ、骨盤の動きによって自然と引き出されるのです。そして最大外旋位に入るとき、肩関節の動きだけに頼っていると故障につながりやすいので、胸まわりの柔らかさを備えているこ

上体を脱力させたまま並進運動を行い、右脚を踏み込んでいく

ボールの重さを感じて遠心力で後ろに持って行かれる感覚

左肩が最大外旋位に入っていき、ボールが頭の後ろに残ってCアーチができる

腕が振られる感覚を得ながらリリースへ向かって出力。遠心力に負けないようにして指のアーチからボールが強く発射されるイメージ

とも重要。それがあれば、肩関節の外旋だけではなく胸椎の伸展も加わるので、その後もリリースに向かいながら全体的にしなりが生まれます。胸がグッと張られてボールを持った腕が後ろに引っ張られている、いわゆる「Cアーチ」と呼ばれる要素です。これが大きければ大きいほど、弓矢で言うと「弓を引いている時間が長い」ということになるので、そこから加速する距離が長くなって球速が上がり、また腕が鋭く振れるのでボールのキレも生み出しやすくなります。

また、腕を振るタイミングはすでに無意識領域だと言いましたが、一方で腕のスイングの加速距離が長ければ、「ちょっとズレたな」と思ったときに修正できるというメリットもあります。「あっ、カットしそうだな」「これはシュートしそうだ」「高めに浮きそう」「低めに引っ掛けてしまいそうだな」……。そう感じたときにも、加速距離が長く取れている間に微調整できています。ただし、これに関しては自分で意識して動かしているというよりは、経験から体が自然と反応している感覚。数々の成功と失敗を繰り返してきた中で、「こういうときはこうなる」「こう動いたときはこうしたほうが良い」というパターンがいくつか見えてきて、体がそれを覚えているわけです。

ちなみに腕のスイングの加速距離というのは、要は着地したときからリリースまでのボールの移動距離です。だからと言って、体をできるだけ大きく使って腕を大きく回そうとしているわけではありません。基本的には、自分が可動域をコントロールできる範囲で体を動かし、さらにリリースにも影響が出ないように、なおかつフォームのタイミングも合っているというのが大事。「コントロール・リリース・タイミング」の３つが崩されないという部分が大前提にあり、その中で最大限の加速距離を出すことができれば、より質の高いボールが行くのかなと思っています。そして、あくまでも腕は「振る」のではなく「振られる」もの。自分で「おりゃーっ」と力を込めて投げたときよりも「腕が自然にブルッと振れちゃった」というときのほうが、球の伸びも感じますし、実際にキャッチボールの相手が「ウッ」となるくらいに差し込めていたりもします。ですから、腕が振られる感覚というのはいつも大事にしていますね。

体幹からのつながりを感じて体側でリリース
立方体をイメージしてボールに縦回転を加える

投球動作においては、基本的にボールが指先から発射された後はすべて惰性。投げることはリリースの瞬間に終わっていて、その後の動きは自然に流れていくという認識をしています。言い換えれば、最終的には「いかにリリースへ力を上手く伝えるか」という部分が大事だということです。

リリースポイントに関して、一般的にはよく「前で離せ」と言われたりもしますが、それを言葉通りに受け取って、腕が体よりも前に出た状態でボールを離すというのは理想的ではありません。そうすると体幹と腕がつながらず、腕の力だけでしか頑張れないからです。リリースポイントの基本は体側（体の真横）で、僕なりの表現としては「“気を付け”の状態から腕を横に大きく広げて上げたところで離すイメージ」。体幹からボールを持った左手までが１つの平面としてつながって投げられるのが理想であり、もっと細かく言

実際のリリースポイントは体の真横。体の前に腕を持って行こうとするのではなく、体幹からボールを持った左手までのつながりを感じて平面上でリリースできれば、強い力が伝わる

うと、「右の腹斜筋から胸の前や左腕を通って左手首まで」が一本につながるような運動連鎖を意識しています。そして、ボールを少し前（本塁方向）で離したいときには、体幹を捻ってリリースの平面ごと前へ回していけば良いのです。また、そもそも腕が振られる感覚を持ちながら体幹がグッと固まれば、腕は勝手に走ってパッと前へ出ていくものです。その動きが自然と前で離しているように見えるだけであって、自分から「ボールを前で離そう」と意識する必要はないと思っています。

リリースする瞬間の感覚は人それぞれですが、僕が重視しているのは指のアーチ（人さし指&中指から親指にかけてのライン）を固定して、前腕の筋肉のエキセントリック収縮（伸張性筋収縮=筋肉が伸びながら収縮して力を発揮する働き）を感じながら離すことです。以前までは「指のアーチをかぎ爪のように使う」と表現していたのですが、それだと力強くギュッと押し潰すようなイメージも抱かれてしまうのではないかと。実際はボールを握り潰したり、指を伸展させながら指先で押したり、あるいは手首を利かせたりといったことではなく、とにかく遠心力には負けないように指先をグッと曲げて角度を固定。そして、たとえ手首の角度が変わったとしても指の角度が変わらないようにしっかり押さえ、遠心力が掛かったことによる筋肉の伸張をちょっと感じながら指先に引っ掛かる感覚で離すイメージです。

僕がこの感覚を得て手応えをつかんだのは、2022年の春季キャンプです。球がよく走り、スピードもかなり出ていて、捕手からも「球がメチャクチャ強いね」と言ってもらえていました。ただ、そこで思わぬ誤算が１つ。以前よりも前腕に大きな負担が掛かるようになったことで、肉離れが起こってしまったのです。そして結局、シーズン開幕には出遅れてしまいました。それ以降は前腕まわりのトレーニングやケアも欠かさずやるようになったのですが、良い投げ方だなと実感していただけに、前腕の張りは盲点でした。

さて、リリースに関連する部分ではボールの回転も大切です。僕はストレートについては、ボールを球体ではなく立方体で捉えています。そして立方体がキレイな縦回転をしたまま進んでいくのをイメージして投げています。そうするとちょうど角（立方体の辺）に対して指が掛かる感覚が生まれ、人さし指と中指で均等に真っすぐ力を伝えることができるのです。この意識が実際、ストレートの回転効率にもつながっているのだと思います。ちなみに「縦回転」と言っても、地面に対して垂直の回転という意味ではなく、重要なのは２本の指の角度に対して縦回転になっているかどうか。腕のアングルが斜めだろうと横だろうと、ボールの回転軸が傾いていようと、両指からの伝わり方が100%であれば良いと考えています。

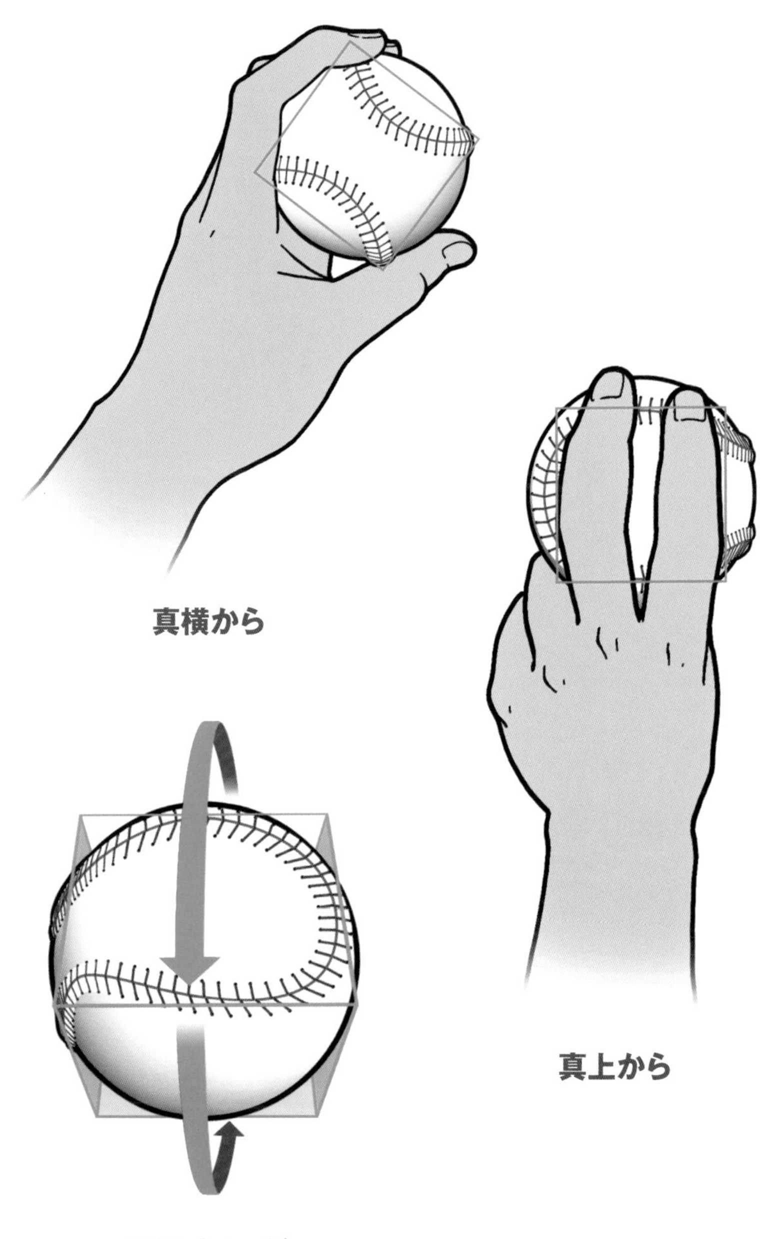
真横から
真上から
回転イメージ

左肩を出さなければ右肩が開いても問題ない
回旋運動で左から右へ一気に力をぶつける

投球動作の中で一番難しいところは、足をステップさせて横へ移動しながら、最後は急速に回転しなければならないという部分。つまり、並進運動と回旋運動をスムーズにつなげなければならないという点です。

タイミングよく回旋運動に移行するための意識は、できるだけ横移動の時間を長くする、前の肩を開かないなど、人によってさまざまだと思います。僕の場合は「後ろの肩（左肩）を出さない」という感覚です。と言うのも、たとえ右肩が開いたとしても、またグラブ側の右腕をどうやって使ったとしても、胸郭の柔らかさが備わっていて肩甲骨が背中側にグッと引き寄せられた状態で左肩を残せていれば、まだそこから力強く腕を振れるチャンスは残っています。多くの場合、これが硬くて右肩や右腕の動きに合わせて体がクルッと回り、左肩も一緒に出てきてしまうから「体の面が本塁を向いている」「体が開いている」と言われるのです。重要なのは左肩を出さないことであって、そうすればスイングの加速距離は十分に取れますし、打者から見やすくなるということもありません。

そのためにもやはり、脱力して関節の可動域を生かすことは大事です。先述したように最大外旋位でボールが後ろへグッと持っていかれて、その後にCアーチをしっかりと出せていれば、体が回ったのと同時にすぐ左腕が出てきてしまうことはありません。右肩が開いても胸から腕までがしなっているので、まだボールが頭の後ろに残っているという感覚が生まれる。もちろん、意識的にこの形を

右肩が早めに開いたとしても、胸まわりに柔軟性があって肩甲骨を背中側へ引き寄せた状態で左肩が残っていれば、スイングの加速距離も十分に取れて力をしっかりと伝えられる

作っているわけではないのですが、ボールの重さを感じて自然と頭の後ろに残っているかどうかという部分は大事にしています。

また、前の肩ではなく後ろの肩を重視する理由としてはもう１つ、僕が左投手だということも関わっています。

左投手というのは、前の肩を開かないようにすると左腕が上手く出てこない傾向にあります。これは人間の体における臓器のバランス、特に左右に１つずつある肺と腎臓が大きく関係していて、まず心臓がやや左側にあることにより、肺の大きさは左のほうが右よりも少し小さくなっています。また、肝臓が右側の下方向に大きく広がっていることにより、腎臓は右のほうが左よりも少し低い位置にあります。つまり、肺は右側が大きく、腎臓は右側が下がっているので、人間は生まれながらにして体の右側が重くなっているのです。そして、無意識のうちにバランスを取ってその左右差を修正しようとするため、逆に左側重心になりやすいと言われています。片脚に重心を掛けて立つとき、左側に寄り掛かる体勢のほうが楽だと感じる人は多いと思いますが、それもおそらく普段から左側重心に慣れているからでしょう。

そう考えると、そもそも右投手と左投手では投げ方が違っていて当然です。もちろん個人差はあるので一般論にはなりますが、右投手の場合はもともと重くなっている右側を左側にしっかりと移動させながら力を上手く伝えなければならないので、体をコントロールするためにある程度のパワーも必要になります。だから、右投手には「パワーピッチャー」と表現される人がたくさんいます。一方、左投手の場合はスムーズな体重移動で力を伝えるというよりも、体の回転を重視して投げることが多い。ですから、左投手が「パワーピッチャー」と言われることはありません。左側に重心があるので、わざわざ「左側をギリギリまで残そう」などと意識しなくても勝手に残ってくれますし、もともと体の右側が重くなっているわけですから、何も気にせずに軽いほう（左側）を勢いよく前へぶつけていきやすい。力を出そうとしなくても出るのです。そして体の回転のキレを意識しているからこそ、自然とインステップする人が多くなるのだとも思います。

実際、僕の中でも骨盤がちょっとだけ左側に傾いていて、前に行こうとしてもなかなか行けないという感覚があります。つまり右側で開きを抑えようとしなくても、勝手に壁ができているということ

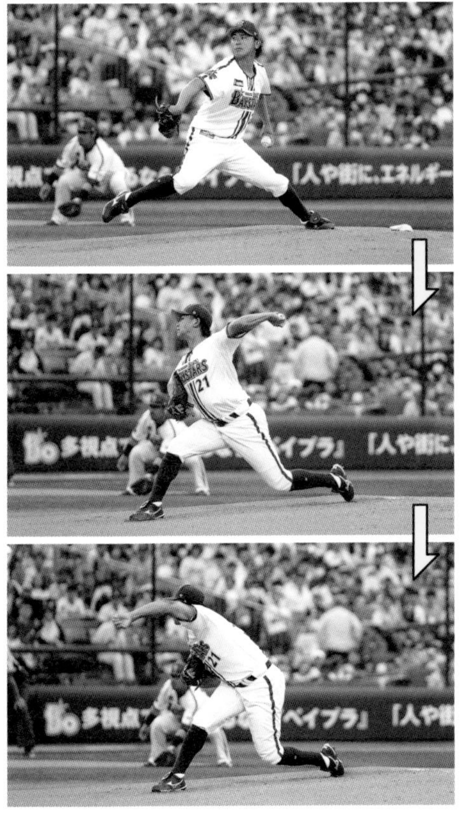

並進運動で加速していきながら左側から右側に力をぶつけていくイメージ

回旋運動に移り、体の捻れとしなりによって腕が強く振られていく

右脚のストップ動作によって上体が最後まで走っていく

です。だから前肩よりも後ろ肩のほうが重要であり、右脚に全体重をスムーズに乗せていくというよりは、最後に右脚のストップ動作をすることで上体の動きを走らせて、左側に残った力を右側にバーンとすべてぶつけていく。そんなイメージが強いですね。

着地した瞬間にいかに上下の捻転差を出せるか
ポイントは右脚でネジを締めていくイメージ

　先ほども言ったように、投球フォームで絶対に外せないポイントは「足を着いた瞬間に自分の体がどういう状態になっているか」。

結局、投球というのは「ねじれ」の運動連鎖であって、特に上半身と下半身の捻転差をしっかりと出せることが重要です。そして下が出ていきながらも、上を我慢して我慢して…、そこから骨盤の回旋運動が一気に解放されることで体が回ってリリースにつながっていくものです。この「捻転差」をもう少し具体的に表現すると、回旋運動に入っていくタイミングで投球フォームを上空（真上）から見たとき、骨盤のラインに対して胸のラインの角度がズレているという状態。この角度が大きければ大きいほど体幹を通じて上下が捻転できているわけで、より大きな力を生み出すことができます。

そのために大事にしているのは、ステップした右脚の着き方です。右脚を踏み込んでいく際、僕はつま先を捕手に対して真っすぐ向けるのではなく、少しだけ内側に入れています。その一方で、右ヒザはつま先に対してやや外旋させていく。したがって、着地したときには捕手に対して「ヒザは真っすぐ・つま先は内側」の状態で、右脚自体に捻れが生まれています。そして、僕のイメージでは右の足裏にネジが付いていて、そのネジを時計回りにグッと締めながら地面に捻り込んでいく感覚。そうすると、下の動きと同時に骨盤がすぐ回るのではなく、「まずは下を我慢してから骨盤が回っていく」という状態になる。下が安定することによって、上の自由が利くようになり、自然と上下の捻転差が出せるわけです。

そして、ここから先は右の臀部（お尻）で力を受け止めるようにしながら体を回すだけです。そうすれば骨盤のラインが一気に解放されて回転し、さらに体幹を通って胸のラインがしなりながら回ってきて、最後は腕が勢いよく走っていきます。「捻転差」と言うと、体をグーッと捻って力をギリギリまで後ろに溜めるようなイメージ

ステップした右足が着地したタイミングで、胸のラインと骨盤のラインがいかに角度のズレを出せているか。それが上下の捻転差となって「ねじれ」の運動連鎖につながっていく

上空から見たライン

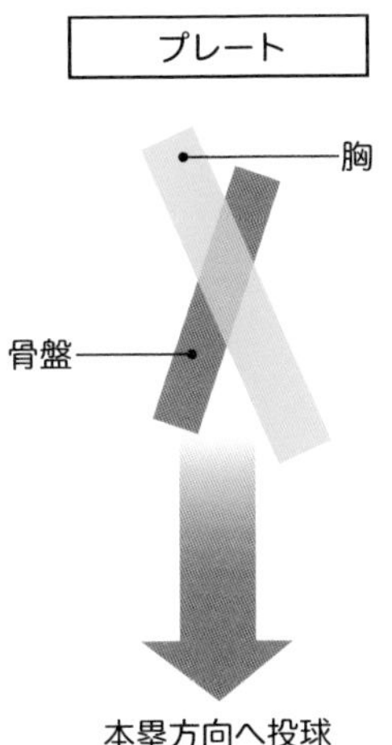

着地時

を抱かれるかもしれませんが、足を着く前に「上体を残して骨盤を回して……」などと意識してもパワーのロスが生まれるだけです。足を着いてから骨盤が回ってくるのを我慢できるかどうかというのは、ヒザの使い方しだい。体の可動域の問題もあるとは言え、基本的に上体が脱力できている状態で骨盤が回るのを我慢できれば上下の捻転差は生まれるわけで、脚の着き方の工夫をすることはすごく大切だと思っています。

もちろん、ステップした脚の使い方がすべてというわけではなく、人によっては軸脚で粘って捻転差を生み出せるケースもあります。左投手であれば左ヒザを外側に向けることで骨盤が回るのを我慢できる人も多く、それができるのであればそれで良いと思っています。ただ僕の場合は、もともと左ヒザがすぐ内側に入って回ってしまう傾向が強く、また過去には左脚の使い方を意識したフォームに取り組んだ時期もあるのですが、どうしても左腕が上手く出てこないという感覚もありました。それを修正しようとすると、投球時に意識しなければならないことが増えて余計な思考が入ってしまうので、それならば踏み込んだ右脚の使い方で捻転差を出せば良いんじゃないか、と。ですから、右のつま先を内側に入れて、右ヒザを外旋させて、右の臀部に力を利かせて投げていくというのが僕の中でのポイント。よくある「左ヒザにチューブを巻いたメニュー(二塁側や本塁側から引っ張ってもらい、ヒザを我慢することで軸脚の使い方を覚える練習)」などは、体のバランスを調整する方法の一環としてたまにやることはあっても、基本的にはやらないですね。

なお、体が回るときのイメージとしては、あらかじめグラブを右肩の前あたりに置いておき、そのグラブを止めて支点を作ることで

腕が走るという感覚も大事にしています。実際、写真などではグラブを体に向かって引いているように見えるのですが、僕の中ではあくまでも止めたグラブと右肩を支点に体が回っていて、左腕が巻き付いてくるという感覚。その流れで右腕が自然とグラブを手前へ引いた形になっている、という認識です。

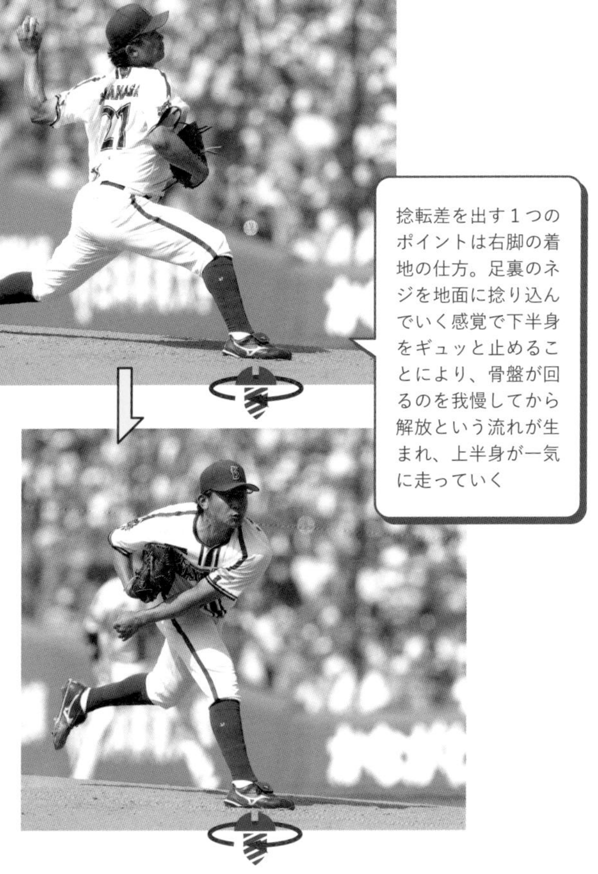

捻転差を出す1つのポイントは右脚の着地の仕方。足裏のネジを地面に捻り込んでいく感覚で下半身をギュッと止めることにより、骨盤が回るのを我慢してから解放という流れが生まれ、上半身が一気に走っていく

IMANAGA
21

CHAPTER. 2

各フェーズでのメカニクス

「下が止まるから上が走る。
しっかりストップ動作をして、
カウンターの効果を得ながら
前へ力を伝えることを考える」

<立ち位置とスタンス>

プレートの一塁側に立ってクロスで構える

ここからは投球動作のフェーズ（局面）に合わせて、僕なりのポイントを順番に説明していこうと思います。

まずはマウンド上での立ち位置ですが、基本的には左足のつま先をプレートの一塁側ギリギリのラインに合わせています。これは決して統一してきたわけではなく、プロ１年目などは一塁側でしたが、時期によっては三塁側を踏むように変えたことなどもあり、試行錯誤を重ねてきました。ただ、そんな中で右打者のインコースにしっかりとした角度で投げ込めるようになってきたので、現在は「角度をより生かすためにも一塁側に立ったほうが良いだろう」と考えています。

また左足はプレートと平行にして、外側を沿わせるように置くのが基本スタイルです。ただし、2023年のシーズン序盤などは左足の外側をプレートに掛けるようにしていました。なおかつ、足首を内側にグッと入れるようにもしていました。当時は「本塁方向への並進運動が弱いな」と感じていたので、それを促すためにあえてプレートの踏み方を変えたのです。実際のところ、投球動作の中でプレートを意識的に強く蹴ることはないのですが、拇指球で自然と蹴られるような感覚があったほうが地面からの反力を得られます。そこから並進運動の強さを感じられるようになったため、シーズン途中からは元に戻したのですが、傾向によってそういった微調整をすることもあります。

一方の右足ですが、こちらはプレートと平行にしながらも左足よ

走者なしの構え（正面）

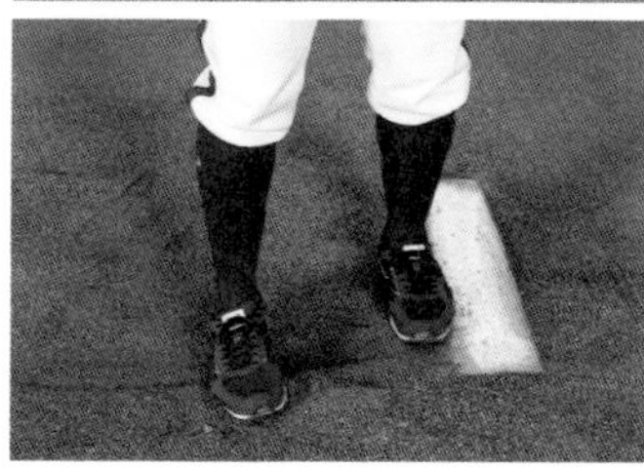

基本的にはプレートの一塁側に立って、本塁方向に足をクロスさせる

走者ありの構え（正面）

走者がいる場合はスタンスを広げ、両足のつま先を少し内側に入れておく

り前（一塁側）に出し、本塁方向に対してクロスした状態で構えるようにしています。僕にとってはこれが一番自然な構えであり、陸上で言えばクラウチングスタートの形。やや体を閉じて後ろに入れている状態のほうが、力を伝えやすいのです。さらに、走者がいる

足をプレートの横に沿って置く

基本的には軸足の外側をプレートの端に合わせて、平行に置く

足の外側をプレートに掛ける

並進運動を強くしたいときは軸足をプレートに掛け、足首もやや内側に入れる

ときはクイックモーションで投げることも踏まえ、スタンスを広げて両足のつま先を少し内側に入れています。そうやっておくことで、より少ない動きですばやくステップすることができます。

ちなみに僕は高校3年時から現在まで、走者の有無にかかわらず常にセットポジションからスタートするようにしています。中学時代や高校1～2年のときはワインドアップで投げてみたこともあるのですが、前者ではコントロールが悪く、予備動作を省いて途中からセットポジションに。また後者ではあらためて挑戦してみたものの、1球ずつの間合いが長くなって投球のテンポが遅くなってしまいました。リズムよく投げるという意味でも、僕にはパッと構えてスッと投げられるセットポジションが合っているのだと思います。

＜立ち姿勢と準備＞

力が出やすい足首・ヒザ・股関節の位置を探ってセット

マウンド上では、僕は球場全体を漠然と見ています。キャッチャーミットに一点集中したりはせず、周りの景色を見ながら「その中に打者と捕手がいる」という感覚でぼんやりと捉えていますね。そして立っているときの姿勢については、特に形を意識しているわけではありません。基本的には2本の脚でそれぞれ体を支え、自然にスッと真っすぐ立っているだけ。体重の掛け方は左右均等で

走者なしの構え（横）

体重の掛け方は左右均等で、走者なしの場合は両手をお腹の前で合わせてリラックス

走者ありの構え（横）

走者ありの場合は両手を最初から上げて胸の前で合わせておき、やや前傾姿勢を取る

す。また実際は少しだけ体が前傾しているのですが、頭の中では「前傾になりすぎず、後傾にもなりすぎない」というイメージがあります。その後は二軸（右脚側の軸と左脚側の軸）の状態から投球動作に入っていき、右脚を上げたときには一軸（左脚側の軸）に近づけるようにしています。

さらに始動する前の準備としては、軸脚側のスタートポジションを探るという作業をしています。先ほど「陸上のクラウチングスタート」という表現をしましたが、微妙に体を揺らしながら一番力が出やすい足首・ヒザ・股関節の位置を探り、そこにカチッとしっかりセットできているのを確認してから始動するわけです。ただし、これはあくまでも「各部位の感覚を持っておく」というだけで、実際に投球動作の中で「しっかりハメる」といった意識はありません。より正確に言えば「左の殿筋に力が入る位置を感じる」。まずは左足がプレートに掛かる感覚を持ちながら足首を固定し、ヒザを少し外旋させます。そうすると左の殿筋に力が入るので、自分の体に対して「この筋肉を使って押していくんだよ」と認識させる感覚です。ちなみに、以前は左のふくらはぎや左の太ももの外側で地面を押している感覚だったのですが、それだと動きのブレが大きくなってしまいます。爆発的な力を生み出すためには左の殿筋と、左の内転筋からハムストリングスにかけての筋肉を使うことが重要なので、そこを利かせられるように意識していますね。

一方、グラブの位置はどうなっているのかと言うと、最初は上体をリラックスさせるために両手（グラブとボール）を合わせてお腹の前あたりに置いています。そして、右脚を上げる前にまずは両手を胸の前あたりまで上げる。手が先に始動し、テークバックへ持っ

て行きやすい位置に腕を上げておいてから投球動作をスタートさせるという感覚です。この「両手を上げてから脚を上げる」という動きは、実は2022年のシーズン途中から始めたことです。それまでは手と脚をほぼ同じくらいのタイミングで動かし、上げたグラブをまたいったん下げてからテークバックに移っていたのですが、チー

足首・ヒザ・股関節に力が入りやすい位置を探ってスタートポジションを決める
投げやすくするための予備動作として先にグラブを上げていく
右脚を上げて投球動作を始動する

ムメイトの大貫晋一のフォームなどを見ていて「あらかじめ高い位置に上げておいたほうが投げやすそうだな」と。メカニズムの部分で特に大きな理由があるわけではないのですが、実際に試してみるとやはりすごく投げやすかったので、その後はグラブを下げることをやめました。なお、走者がいる場合は、すばやくテークバックへ移れるように構えの時点でやや前傾姿勢を取り、グラブもすでに上げておいて、胸の前あたりで両手を合わせた状態からスタートするようにしています。

<足上げ>

足踏みをする感覚で二軸から一軸に近づけていく

立ち姿勢から右脚を上げていくときは、先ほども言ったように二軸（左右の軸）を一軸（左の軸）に近づけていきます。ただし、左側の軸に寄せようとして予備動作が大きくなり、体のバランスがブレてしまっては意味がありません。動いている中でも骨盤は正常な状態に保ち、体を真っすぐにして立つことが大切。脚を上げたときのバランスが崩れていると当然、その後の動作も乱れてしまうので、投球フォームをおさらいするときなどはここが１つのチェックポイントになります。

僕の場合、足上げについてはその場で足踏みをするような感覚があります。さらに、右足首などの末端を上げようとするのではなく、左側の腸腰筋や内転筋などの太い筋肉を意識して、左脚全体を地面にしっかりと突き刺していくイメージですね。体の使い方においては普段から「カウンター動作」（ある動作を引き出すために、

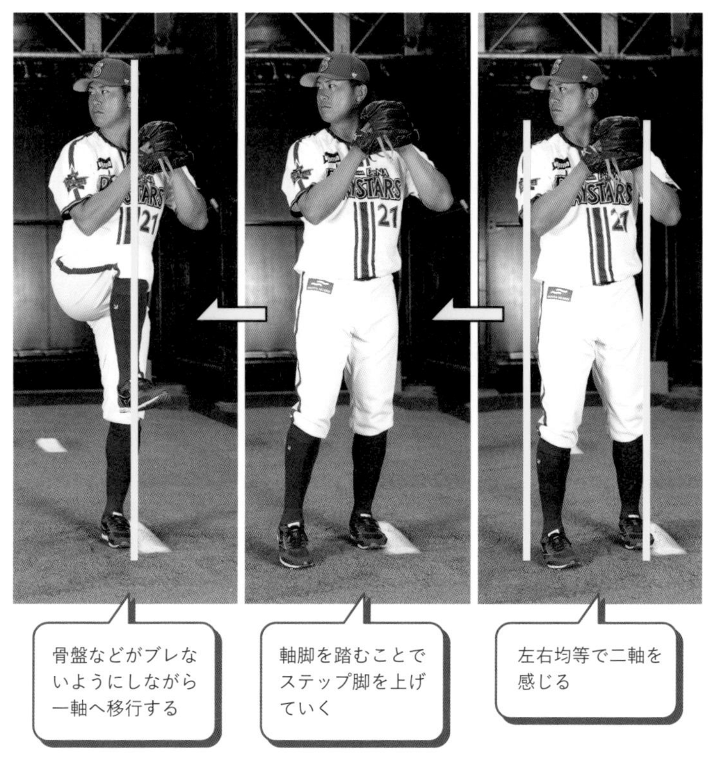
骨盤などがブレないようにしながら一軸へ移行する
軸脚を踏むことでステップ脚を上げていく
左右均等で二軸を感じる

その動作の直前に逆の動きを入れること）を重視しているのですが、足上げのタイミングはまさにそれが大切で、左が下に刺さることで右が自然と上がる。左脚が地面に刺さっている感覚を持っていれば、わざわざ「右脚を上げよう」としなくてもスッとリラックスして上げられるのです。そして右脚をどうやって上げようと、左脚側の一軸がブレることはありません。ですから、右脚の上げ方などは「何も考えず、バランスが取れるように普通に上げれば大丈夫」という認識です。真っすぐ上げるときもあれば、二塁方向に少しヒザを入れて捻りを入れるときもあり、その日によって使い方は異な

足上げの姿勢では左側の一軸をしっかりと意識。体幹の力が抜けないくらいのイメージで上体を脱力させ、足裏は全体が地面にペタッと着いている感覚

ります。

なお、足上げの姿勢では、体幹の力が抜けないことも大切です。右脚をより高い位置に上げられれば並進運動に勢いを加えられますが、あまりにも高すぎると骨盤が後傾し、最後に腰椎の伸展を使わなければいけなくなる。これではスムーズに投げることができず、腰に大きな負担も掛かってしまいます。ですから、「あまり高すぎず」というのが僕の中での感覚ですね。そして、とにかく左側の軸をしっかりとイメージし、基本的には脱力。ただ、それでも体幹が抜けないくらいの力感はあり、背中側にもお腹側にも倒れないように体を支えています。

また、このときの左脚の感覚としては、まずは足首・ヒザ・股関節が力の出やすいポジションに入っていることを感じていて、なお

かつ「足裏全体で地面に着いている」という意識です。人によっては拇指球を意識したり、あるいはつま先寄りやカカト寄りに体重を乗せたりもしていると思いますが、僕の場合は本当にフラット。小指側に掛かったり親指側に入りすぎたりしないように注意はしながらも、基本的には扁平足のようなイメージで、足裏のアーチを感じずにすべてがペタッと着いている感覚です。

＜上下のバランス＞

重力と浮力がみぞおちあたりで噛み合っているのを感じる

僕が良い感覚で投げられているときというのは、周りの人たちから「骨盤の上に上体が乗っているだけでリラックスして投げられているね」などと言ってもらえることが多いです。そういう状態に近づけるためにも、僕は肩を下げて首を長く保つことを心掛けています。肩が上がると、どうしてもその周辺（肩の上部や首まわりなどの筋肉）に力が入ってしまうからです。

また上下のバランス感覚については、「みぞおちに重心を感じる」ということを大事にしています。具体的には、みぞおちから真下に向かってオモリが垂れ下がっている一方で、上体は頭の上につけたヒモで天井から吊るされているような感覚。上半身には「上に、上に」という力が働くのですが、それを感じると腰高になって体がフワッと浮いてしまうので、オモリの力で下に抑えている、という状態です。つまり上向きの力（上半身が浮く力）と下向きの力（上半身が浮くのを抑える下半身の力）が、みぞおちあたりでちょうどクロスしているというイメージですね。実際、「重力と浮力がちょ

重心の
イメージ

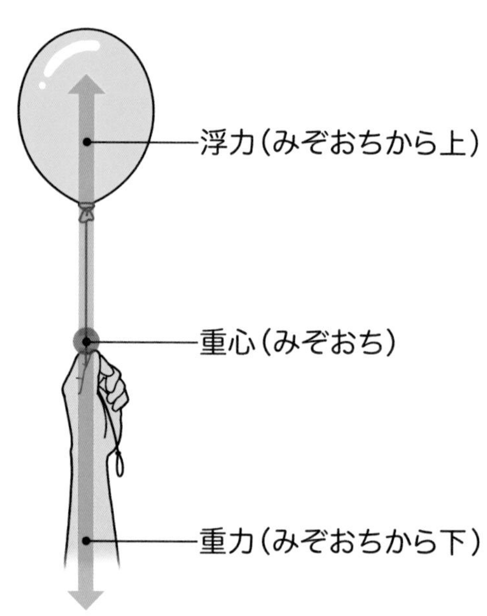

うど良いバランスでガシッと噛み合っている」という感覚もあります。また、力の方向性が斜めになっていたらお互いのバランスが取れないわけで、ベクトルはあくまでも「真上」と「真下」です。

さらに分かりやすく例えると、「真上に飛んでしまいそうな風船を手で真下に抑えている」という表現ができます。そして、風船を手で持っている部分がみぞおちになるわけです。ただし、みぞおちというのは僕の中でしっくりくる位置であって、丹田に重心を置くほうが良いという人もいるだろうし、お腹の人もいれば胸の人もいると思います。いずれにしても、この感覚を生み出すことができれば、脱力しているつもりでもそれなりのボールが投げられる。僕も決してこの感覚を常に得られているわけではないのでまだまだですが、イメージは大事にしていますね。

上向きの力と下向きの力がみぞおちあたりでクロスしているイメージで重心を感じる
上に飛んでいきそうな風船を下からしっかり抑えているような感覚で上下のバランスを取る

＜ステップと並進運動＞

左側に壁を感じながら右脚でリードして体を加速

足上げの姿勢からは右脚をステップして並進運動を始めていくわけですが、2023年現在で言うと、僕は右脚で捕手の方向に体をリードしていきながら、対になる部位の左腕をそこに連動させる感覚を持っています。「右脚が出ていくタイミング」と「左腕が胸の前か

一気に加速して降りていきながら着地へ向かっていく

「慣性の法則」で無重力状態になり、自然の流れで進んでいく

らテークバックに切り替わるタイミング」を合わせることで、体がちょうどバランスよく連動しながら進んでくれるのです。そして着地するまでに無重力の瞬間が生まれ、そのときに左腕がスッと上がっていわゆるトップの形が作られる。そんなイメージですね。

投球動作は下半身が主導だと言われますが、だからと言って「下から出ていく」という意識はありません。右脚リードではあるものの、あくまでも上と下は一緒に捕手方向へ出ていく。そうすると上半身が突っ込んでいくような印象を抱かれるかもしれませんが、そ

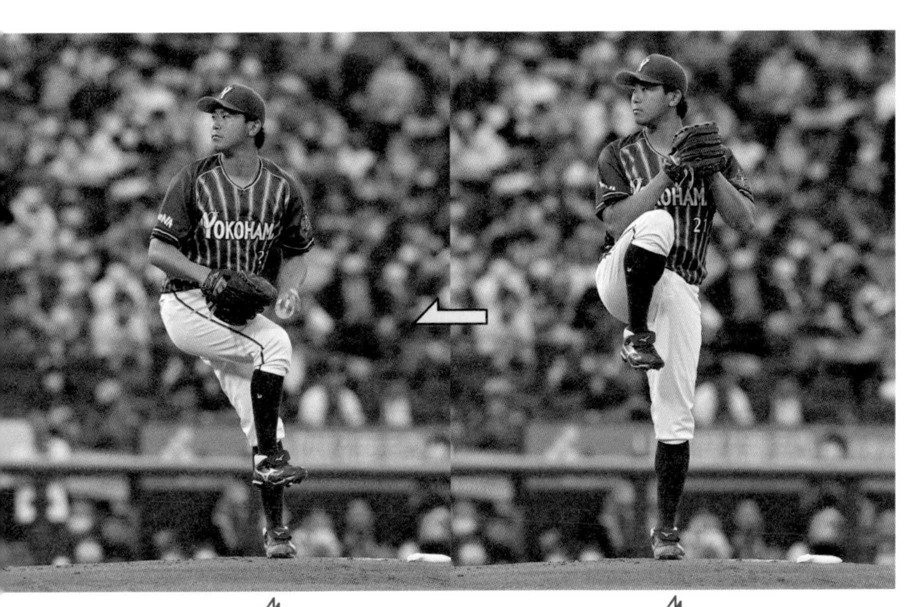

右脚リードで出ていきながら左腕の動きも合わせる

軸脚で地面を捉えてしっかりと反力を感じる

うなってしまうのは、そもそも着地で下半身を止め切れていないからです。右ヒザが前に出たり、あるいは右脚が地面を捉えられず反力をもらって押し返せていなかったり。そういう動きになると下がしっかり止まらないので、必然的に頭が前へ出て上体が突っ込んでいきます。逆に右脚をしっかりと踏み出し、右の股関節に体を上手く引き込んでしっかり止まることができていれば、上体が突っ込んだ形にはなりません。

だからこそ右脚の着き方はすごく大事で、僕も意識しています。要は「慣性の法則」で上下が同時に真っすぐ進み続け、下だけが急にパッと止まるから上が一気に走る。「下半身から出て上半身を残して……」という意識だとスピードが生まれてこないので、上下は一緒に出ていきます。感覚的に言えば、並進運動というのはジェットコースターに乗って一番高いところからスタートし、一気に加速して降りていくというイメージ。そのときにフワッと体が浮く瞬間がありますが、これが先ほど言った「無重力の瞬間」です。

また、このタイミングで力が抜けてしまわないために、「左脚が地面を押し続けた状態で反力をしっかり受けられているかどうか」ということも重要です。左ヒザが内側や外側に折れたりして力が逃げてしまったら意味がないわけで、足首がしっかりとプレートに掛かってヒザが少し外旋し、殿筋や内転筋やハムストリングスを利かせておくこと。それによって並進運動での加速を促すことができます。

もちろん、決して自分から強く押すわけではありません。たとえばキャスター付きのイスに座っているとき、足を浮かせて左側の壁をポンッと押したら、当たり前ですが体はイスごとスーッと勝手に

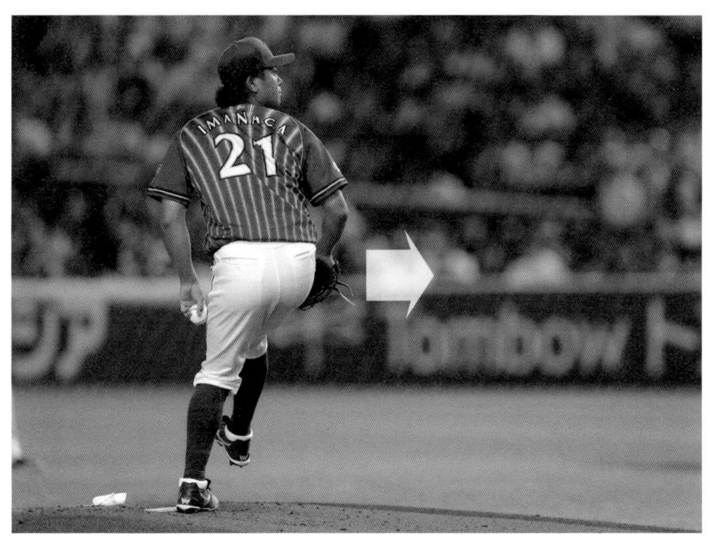

左側の殿筋や内転筋やハムストリングスでしっかりと壁ができていれば、並進運動では大きな反力を得ながら出ていくことができる

右側へ進んでいきます。逆に左側の壁のほうにもキャスターが付いていたり、あるいは壁の面がものすごく柔らかいとしたら、壁を押しても強い反力を得られないのでイスが右側へ全然進めない。つまり、大切なのは左側の壁をしっかり作ることができているかどうか。その役割を担うのが左側の殿筋や内転筋やハムストリングスであり、壁ができていれば、あとは反力を感じながら惰性に任せておけば良いのです。

そして左側に壁を感じながら、右脚リードでまずは体の右側が出ていきます。左右の体は一対になって連動するのが自然で、ステップしている段階では、左脚の動きに合わせて右脚のつま先もヒザもまだ内側に入っています。これがよく言われる「力が後ろに溜まっている状態」。あくまでも反力を感じた結果として勝手に現れるものであり、僕の中には自分から「左側で押す」「左側に残す」「左側に溜める」といった意識はありません。

<テークバック>

肩甲骨の動きと体幹に力を感じるグラブの位置を重視

並進運動のスタートでは右脚と左腕のタイミングを合わせると言いましたが、その後の腕の使い方について言うと、大事なのは肩甲骨をしっかりと使えているかどうか。イメージとしては、肩甲骨が動くことでそこに付いている腕が勝手に動いていく感じです。テークバックでは「腕を回す」というよりも「肩甲骨が回って腕がついてくる」。そして左右の肩甲骨が自然と背中側へグッと引き寄せら

テークバックは腕を回すのではなく、肩甲骨を動かすことで腕がついてくるという感覚

れていき、左腕が遅れて回ってくるときに「肩やヒジを使って投げている」という感覚がなければオッケーだと思っています。

末端（手）で操作していると遠心力が掛かってバランスが崩れ、故障にもつながりやすくなります。一方、体の中心（肩甲骨）の動きによってヒジから先が自然とついてくれれば、ストレスなく腕を振り抜けます。肩甲骨さえ正しく使えていれば、たとえばテークバックで腕が背中側に入りすぎても、それは可動域が引き出されているだけなのであまり大きな問題ではないのかなと。実際、僕の投球フォームを映像などで振り返ると腕は後ろに入っていますが、そ

肩甲骨が自然と背中側に引き寄せられていき、ボールの重さを感じて腕が遅れてくるイメージ

れでも試合後に肩やヒジがメチャクチャ張るということはありません。実は、昔は両手を割るときにボールを体の横へ落としていたのですが、球速が上がるにつれて少しずつ背中側に入るようになってきました。あくまでも自分で大きく腕を回しているつもりはなく、質の良いボールを目指す中で肩甲骨の動きを意識したら大きく回るようになり、ヒジや手首の動きがそこについてきたという感覚です。

なお、左右の肩甲骨がグッと引き寄せられるのは腕を回しているときではなく、頭の後ろにボールがある状態からグラブを自分に近づけながら体が回っていく瞬間です。ここでしっかりと可動域を出すための準備としては、できれば体がやや前傾姿勢になっているのが理想。そうするとお腹まわりの体幹に力が入り、胸郭もしっかり動いて柔らかさを生かすことができます。もちろん、体を真っすぐ立てるのも問題はありません。ただ、後ろへ反るというのは、腰椎などを使うことになってしまうので良くないと思います。

また、投手はよく「腕の振りやボールの出どころがバッターから見づらいほうが良い」と言われますが、だからと言って「テークバックでボールを隠す」という意識はありません。ただし、体が回って投げていく瞬間には「ボールが頭の後ろにある状態」が一番良いと思っており、その位置から外れていると腕が遠回りして力も伝わりにくいので、そこは大事にしています。ポイントはやはり上下の捻転差。体をただ回して投げるだけだと腕も一緒に出てきて、結果的にボールがすぐ見えてしまう。捻転差を出すことを考え、さらにボールの重さを感じて遅らせるイメージを持っておけば、自然とボールが頭の後ろに入っていきます。

さて、右腕の使い方についても説明しましょう。僕は基本的に右

手を右肩の前あたりに置き、あまり高く上げすぎないように注意しています。グラブを高い位置に設定すると左肩が下がり、下から投げ上げるような使い方になってしまうからです。また、グラブを投げる方向へ伸ばして方向性をつける人もいますが、僕の中では「グラブは体幹に力を入れるためのもの」という認識。最終的には右の腹斜筋から左手までをつなげた運動連鎖で投げたいわけで、そのための準備としてグラブの位置を探り、上手く調節することで右の腹斜筋に力が入る状態にしてステップしているのです。グラブを高く上げすぎるとやはり右の腹斜筋の力が抜けてしまいますし、あるいは意図的に「右の腹斜筋に力を入れよう」「体を右に側屈させよう」としても、力を入れる動作をした後は自然と力が抜けるもの。ですから、意識するのはあくまでもグラブの位置。そして、「腹斜筋に少し力を感じられるように」くらいのイメージを抱いています。

＜トップ＞

ポイントはしっかり腕を振るためにボールをどこへ落とすか

一般的には、ステップ脚が着地したタイミングで腕が後ろに引かれていてボールが頭の後ろにある状態のことを「投球動作の“トップ”」と表現することが多いと思います。そして、このときには肩のラインを基準にしてヒジの高さを重視している人が多いような印象です。

ただ僕は、ヒジが肩よりも上がっているか下がっているかという部分は気にしていません。大事なのは「着地した瞬間に腕がしっかり振れる状態にあるかどうか」であって、どんな形であろうと、そ

YOKOHAMA
21
YOKOHAMA
着地時にヒジがやや低くても、胸の張りによって腕の振りを引き出せる
腕をいったん下げたことにより、次は自然な流れで上がっていく

こからしっかり振れるのであれば問題ない。たとえば胸郭が十分に使える状態になっていた場合、むしろ着地時にはまだヒジが肩のラインよりも少し低い位置にあるように見えるはずで、それでも胸がしっかり張られて腕が振られながら上がってくればいいのです。逆に、胸を張って使えるタイプの投手が「着地した段階でヒジの位置をもっと高くしよう」などと考えたら、おそらく僧帽筋の上部や三角筋など肩まわり・首まわりの筋肉に余計な力が入り、「腕だけで振る」という感じになってしまうでしょう。現実的には胸を支点にして、加速距離を長く取りながら腕が振られるようにしていくことが大切だと思います。

　また、そもそもの話として、僕はボールが頭の後ろにある瞬間

しっかり腕を振れるようにボールを落とした状態が投球動作のトップ

右脚でリードしながら左腕がテークバックに入っていく

が“トップ”だとは思っていません。僕の中での「投球動作の“トップ”」は、テークバックの途中で左腕をダラーンとさせてボールを一番下に落としている瞬間。と言うのも、腕は自然と振られるものであり、もちろん体のバランスが整っていることは前提ではありますが、左手を最も下に落としたときの状態さえカチッと決まっていれば、あとは自然と腕が上がってしっかり振ることができるからです。

体のメカニズムを追求する際、僕は「逆の理論」をよく参考にしています。下がるから上がる、上がるから下がる。力を入れるから力が抜ける、力を抜くから力が入る……。そう考えると、腕を高く上げたいのであれば、その前にどこかで腕が下がる瞬間が必要になります。言い換えれば、最初から腕を上げ続けておいてそこから振るのではなく、最後に腕が上がってくるようにするためにどうやって下げるか。だからこそ、僕は「しっかり腕が振れる状態にするために、ボールをどこへ落とすか」が“トップ”を作ることだと考えていて、その日の自分にとって投げやすい位置を大事にしています。

ちなみに近年では、腕の使い方についてスタンダードダブル（テークバックを腕全体や手から上げていくスタイル）やインバートダブル（テークバックをヒジから上げていくスタイル）、またヒジをしっかり曲げたままコンパクトにテークバックを取るショートアームなど、さまざまな投げ方が理論として提唱されています。しかし、一番大事なことは本書の冒頭でも述べたように、「自分がストレスを感じずに投げられるかどうか」です。まずは自分が投げやすいフォーム、意図したボールをしっかり操れるフォームを追求し、その中でより打者が打ちにくいフォームを目指していけば良い。ですから、自分の感覚に合わせて腕がしっかり振れているのであれば、腕の使い方などは基本的にあまり意識しなくても良い部分だと思っています。

＜着地と回旋運動＞

右ヒザを浅めの角度にしてストップ動作をしっかり引き出す

投球動作の中でも特に大きなポイントは、いかにスムーズに並進運動から回旋運動に移行できるか。そのための意識として「左肩を出さない」「左側を右側にぶつける」「ネジをギュッと締めるイメージで右脚を着地させる」といった要素を先述しましたが、いずれに

しても回旋運動は流れに任せており、勝手に引き出されるようにしています。そもそも着地する直前には体が少し回り始めているものなので、「足が着いてから体を一気に回す」といった感覚は一切ありません。

右脚の動きについては、着地までのステップの仕方は自由です。ただ、頭の中には「最後にネジを地面へ捻り込む」というイメージがあるので、自然とつま先が内側に入り、ヒザを外旋位に入れる準備ができています。そして接地はややつま先側から着く形になり、右の殿筋に力が入るので、着地後はお尻でしっかりと力を受け止められる。下が安定するからこそ上はリラックスした状態になり、腕が鋭く振られていくわけです。

着地に関してもう少し詳しく説明しましょう。つま先に対してヒザが少し外旋していれば右脚はネジの役割を果たすことができますが、投げる方向に対してつま先をやや内側に閉じるのは、骨盤の力を引き出すカウンター動作としての意味合いもあります。仮につま先を投げるほうへ真っすぐ向けた場合、そこからヒザが外旋位に入るので骨盤が少し開き、力をぶつけるところがなくなります。そして腕の力だけで頑張って投げることになり、さらに遠心力の影響を大きく受けるため、投げ終わりで体が三塁側に倒れて力が逃げてしまう。これでは着地時に地面を捉える感覚も薄く、反力が上手く利用できません。一方、つま先を少し内側に入れておくと骨盤が三塁側へ流れず、その場でキュッと止まって回ることができます。つま先を入れることによって逆に体の動きが締まり、カウンターの効果で回旋のキレが生まれてくるのです。

また右脚を着く位置ですが、ステップの方向は常に決まっている

右のつま先をやや内側に入れながら右ヒザを外旋させ、足裏のネジを捻り込むイメージで着地。そうすると右の殿筋に力が入り、大きな筋肉でしっかりと下をストップさせることで上を走らせることができる

わけではありません。投げる方向へ真っすぐ踏み出すときもあれば、インステップするときもある。「自分にとってこれがベスト」というものはなく、その日のコンディションやマウンドの状態、周りの景色など、時と場合によって変わります。もっと言えば、同じ試合の中でもイニングによって使い分けたりもします。たとえば「出力がちょっと落ちてきているな」と感じたら、インステップの度合いを少し強めにして、ひとまずコントロールは無視して全力で右側に力をぶつけていくようにする。あるいはマウンドの傾斜が強く、何も意識しなくても並進運動の力が生み出せているのであれば、真っすぐ踏み出してコントロールをより重視する。要は、足を着いてからしっかりとカウンターの力を利用して体を持っていければそれで良いわけで、その都度、自分の状態に合ったフォームを選択しているという感覚ですね。

それと着地ではもう１つ、右ヒザの角度もポイントです。着地からボールを投げていくとき、右の太ももとふくらはぎの角度が90度近くまで深くなっていると、力を受け止めるのが右のモモ前（大腿四頭筋）になり、スムーズなストップ動作ができません。そして肩の後ろにも負担が掛かりやすく、故障のリスクも高まってしまいます。ここでは右の殿筋やハムストリングス、さらに背中など大きな筋肉で受け止めたほうがよりスムーズで、体への負担も抑えることができます。そのためには右ヒザがある程度、浅めの角度であることが必要です。

人によっては、ステップした脚のヒザを真っすぐ伸ばして突っ張り棒のように使うケースもあります。ステップした脚を突っ張った場合、一気に伸展することでパパンッとボールが勢いよく離れてい

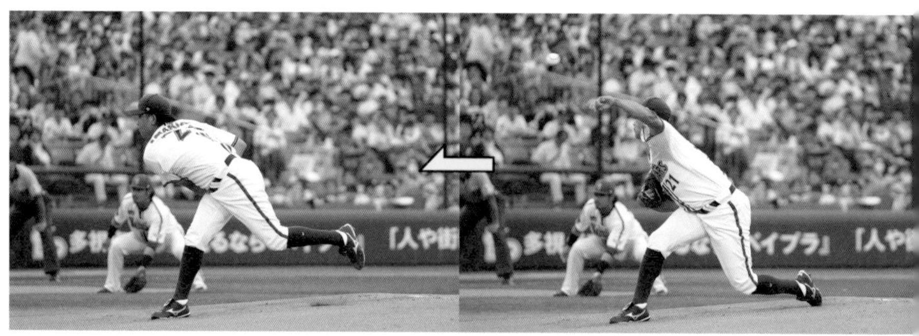

着地時の右ヒザの角度はやや浅め。それによって、大きな筋肉を利かせながら地面からの反力も利用できる。また、あえてヒザを突っ張らないことで、フォームがズレたときの微調整もできる

きます。力をガツンとぶつけられるという意味では、大きなメリットと言えるでしょう。ただし、僕はその使い方のタイプではありません。と言うのも、右脚を突っ張って着地すると逆に柔らかさが出せなくなってしまうからです。僕はやや浅めの角度でヒザに少し余裕を残していて、フォームが最後に一瞬だけグニュッとなる感覚も大事にしながら、胸椎の伸展までしっかり使って投げたいタイプ。そうすると、たとえば着地の仕方を間違えても上体の使い方で修正ができたりする。フォームに多少のズレがあってもごまかしが利くので、あまりマウンドの環境に左右されずに投げられると考えてい

ます。

なお、右脚が着地した段階ではもう、左脚の使い方に関しては無意識です。そもそも僕は右脚の着き方に比重を置いているので、左脚はそこに合わせて自然と使えるようになるという感覚。押したり粘ったりするという意識もないですし、左脚が地面から離れるタイミングなども気にしていません。一般的に言うと、メジャーリーガーには軸脚が早めに離れていく人が多く、逆に日本には軸脚がギリギリまで残っている人が多いような印象だと思いますが、いずれにしてもステップ脚にしっかり移行して力を伝えられていれば問題ない。そこに目を向けるよりも「どうやってステップ脚を着いて、どういうストップ動作をして前へ力を伝えるか」を考えたほうが、良いボールが投げられるのではないかと思います。

＜リリース＞

胸の傾きと腕の角度が同じラインに乗ることで力が安定する

続いてはリリースですが、すでに説明したように、僕はボールを球体ではなく立方体だと捉えて投げています。人さし指と中指で均等に真っすぐ力を伝え、指の角度に対して純粋な縦回転が掛かっていくのが理想です。また、実際のリリースポイントは体の前ではなく、体側（体の横）の平面上です。ただし、あくまでも腕はそこに至るまでの動作によって自然と振られてくるもの。そしてリリース

リリースで力を伝えるためには、胸の傾きと腕の角度が同じラインにあると良い

実際のリリースポイントは体の横で、体と腕がつながった平面上で強く離れていくイメージ

ポイントまで来たら、そこから先はなるようにしかならないので、「こういうリリースをしよう」とか「回転を強く掛けよう」「ホップするようなボールを投げよう」「低めにコントロールしよう」などと意識的に操作することはしません。

そもそもリリースポイントで微調整しているときというのは、最終的に小手先で合わせているため、あまり良くないケースと言えます。逆に良い投球ができているときには、体の横で勝手に離せてしまっている感覚。ですから頭の中にリリースのイメージはあっても、リリースの仕方を強く意識するということはないですね。もっと言うと、「最後にこういうリリースをしたいからそこに向かってこうやって動こう」と逆算することもない。リリースも投球フォームの過程の一部であって、そのフェーズ（局面）を自然に通過するものだと考えています。

とは言え、「投げることはリリースの瞬間に終わっている」という認識もしているので、基本的にその後の動きは惰性に任せることになります。したがって、リリース後はパンチを繰り出して腕が伸びていく形が良いとか、手でボールをしっかり握り潰している形が良いなどと言われますが、結果的にそうなっているというだけの話。それらを確認することで自分のフォームがどうこうと判断することはありません。僕がリリース後の要素の中で意識することがあるのは、フィニッシュ時の全体の形くらいです。

リリースの話に戻りますが、良いリリースができているかどうかの基準としては、ユニフォームの胸に描かれた「YOKOHAMA」「BAYSTARS」の文字と、自分の肩ヒジのラインが一直線になっていることがポイントになります。「胸の傾き」と「上腕からリリー

「右の腹斜筋から左の手首までが１本につながる運動連鎖」が起これば、胸のマークと肩ヒジのラインが一直線に並び、リリースにより力が伝わる。また、縦回転を掛けるために「立方体を投げるイメージ」も重視する

スポイントまで」ができるだけ同じラインに乗っていれば、しっかりと力を伝えることができて、なおかつコントロールも安定する。要は、これまでに何度も言ってきた「右の腹斜筋から左の手首までが１本につながる運動連鎖」です。それと体はできるだけ狭い幅でパッとすばやく回転させたいので、グラブは体の中に収めるようにしています。そうすればグラブや右肩を支点にもしやすく、左腕がしっかりと振られていくのです。グラブを手前に引いたり、あるいは体の外でグラブを返したりすると、僕の場合は空振りをしてしまいます。

　リリース時にこれらの形が作られていれば、あとは頭の上から１

左脚で反力を得て壁のように使いながら、右脚でリードして左腕のタイミングを合わせる

並進運動で体を加速させていき、しっかりと腕が振れる位置にボールを落としていく

無重力状態に入ってさらに加速。肩甲骨の動きによって腕が自然と回っていく

着地の準備をしながら「左肩を出さない」「左側を右側にぶつける」などの意識で上下の捻転差を引き出す

つま先を閉じてヒザを浅めの角度で着地させることで、骨盤の回旋スピードが上がる。上下の捻転差があることで腕の加速距離も長くなる

胸を支点にして腕が振られ、加速して体側でリリース。右の臀部で力を受け止めることで、下がしっかり止まって上が走る

本の串が突き刺さっているような感じで、首や脊椎なども連動して体が鋭く回っていきます。ちなみに、地面に対して体をどこまで傾けて腕をどこまで上げるかという点ですが、これは自分が投げやすければそれで良いと思っているので、自然な角度に任せています。もちろん、場合によっては少し修正することもあるのですが、たと

えば高く上げすぎるとフィニッシュで体が三塁側に倒れて力が流れてしまったりもするので、特別に意識はしていないですね。

<フィニッシュ>

理想は出力とブレーキを「50:50」のバランスでぶつけ合わせること

基本的に投球動作は「リリースまでがすべて」だと考えていますが、先ほども言ったようにフィニッシュの形だけは意識があります。僕は投げ終わりがバラバラになりがちなタイプなのですが、理想はフィニッシュ時に左脚（軸脚）が右脚（ステップ脚）を追い越さないくらいの力感で投げること。イメージとしては、左半身（出力）と右半身（ブレーキ）の力の割合がちょうど「50:50」になるようにバランスよく使いながら、最後に左右をぶつけ合わせることで100の力が生まれるという感覚です。そして左脚が右脚を追い越しているときというのは、左側の出力が高すぎて少しだけブレーキが利かず、左右のバランスが「60:40」くらいになってしまっている状態。実際にもフォームの力感と同じくらいのボールになっていて、あまりキレが良いとは言えません。出力をあと10減らし、もう少しフワッとブレーキを掛けても止まれるような感覚で投げられればスムーズです。

この「50:50」というバランス感覚は、特に先発登板をする場合は大切だと思っています。力の伝達をよりスムーズにし、１球ずつに使う力をできるだけ少なくしたほうが、当然ですが体の消耗が減って長いイニングを投げることができるわけです。したがって、

たとえば着地の説明をするときに「しっかりネジを地面に捻り込む」と言いましたが、決してドーンと強く着くわけではありません。着地が強すぎると体が勢い付いて前へ出て行ってしまう感じがあるので、「ソフトに着地してキュッとブレーキを掛けたい」と思っています。

例えるならば、スピードを出している自動車が壁に突っ込むのか、それとも柔らかいクッションに突っ込むのか。僕はまだ出力のほうが高すぎていて、壁に突っ込んでガシャーンと思い切りぶつかる力の伝え方しかできていません。しかし、柔らかいクッションに突っ込むような力の伝え方——少ない出力でソフトにブレーキを掛けることができれば、途中でどれだけスピードを出しても安全なので、もっと加速できる。そうすることでもっとボールは速くなるだろうし、ストップ動作の精度が上がってコントロールも良くなるだろうと思っています。

そのためにもやはり、しっかりブレーキを掛けてフィニッシュを安定させたいという想いがあります。僕にとってフィニッシュの形が決まっているときというのは、少ない出力でバランスよく力を伝えられているとき。ですからコントロールが悪いときや、もっとスピードを出したいときなどは、まずは「右脚をこう着いて、左脚がこのあたりに着いて、絶対にこの形で終わろう」とフィニッシュの形を意識するようにしています。投球フォームの最初と最後の形が決まっていれば、自然とフィニッシュから逆算した体の使い方になり、バランスが整っていくのです。

これは人それぞれのマインドによるもので、逆にプロセスを意識し、それを順番に積み上げていくことでフィニッシュが勝手に良く

左側の力と右側の力を「50：50」のバランスにして、
左右をぶつけ合わせて100の力を生み出すことを追求

なるという考え方もあります。ただ僕の場合は、プロセスをいろいろ細かく考えるよりも「フィニッシュだけイメージしたら勝手にそういう使い方になっちゃった」というほうが、余計な思考も入らなくて投げやすいという感覚があります。

また、フィニッシュでの感覚の部分では、現状で言うと調子がメチャクチャ良いときは前腕に張りを感じています。ボールを最後まで持ち、なおかつ前腕のエキセントリック収縮（伸張性筋収縮）を感じながら強く離せているのです。ただ本来、一番良いのは右の臀部やハムストリングス、背中などに張りを感じること。下半身や背中などの大きい筋肉でしっかりブレーキを掛けられていれば、体への負担も減らせますし、ケガにもつながりにくいと思います。

フィニッシュの形を意識していくことで、体がそこから逆算した動きをするようになって自然とバランスが整う

一方、肩の後ろや前腕などの小さい筋肉に張りが出るというのは、そこで強い力を発揮しているということになるわけで、負担は大きくなってしまいます。特に僕の場合は先ほど話した「ブレーキの掛け方」がまだ不十分で、背中には張りを感じるのですが、右の臀部やハムストリングスには張りが出にくい傾向があります。つまり、まだまだ全身を使い切れていない。ただ、そこは逆に伸びる余地があるのだと捉えて、今後もチャレンジしていくつもりです。

OKOHAMA
21

CHAPTER. 3
コントロールと変化球

「その日の体の使い方を感じ取り、
1球ずつ修正を重ねることで
安定した投球につながっていく。
変化球は各球種に合う投げ方を追求」

【コントロールの技術】

捕手のミットではなくその手前を目掛けて投げる
クイックでは着地したときの腕の位置がより大切

チームを勝たせる投球をするためには、当然のことですが投げるボールのスピードやキレだけではなく、コントロールも重要になってきます。ただ、投球フォームには絶対的な正解がないわけですから、「この形で投げれば必ず狙ったところへコントロールできる」というものはありません。やはり自分が投げやすいフォームというのを前提にしながら、その日に合った体の使い方を探していくことが大切になります。

どんな投手であっても、基本的には試合や練習で１球ずつ修正をしているものだと思います。たとえば、１球目に外角低めのストライクを取ろうとして「外角のボール球ゾーンに外れた」「狙っていたところよりも真ん中に甘く入った」などの現象が起こったら、「あぁ、今の使い方だとこうなってしまうのか。じゃあ次はこういうふうにしなきゃいけないな」と思うはず。大事なのはそれをいかに早く察知できるかどうかで、自分ですぐに発見できればすばやく修正できる。だからこそ、シーズンを通して安定した投球ができるのだと思います。

ちなみに僕の中で「その日のコントロールが良いか悪いか」の１つのバロメーターとなっているのは、右肩の入り具合です。投げるときに右肩が一塁側へ入りすぎると、まずテークバックが無駄に大きくなります。そして、背中が打者からハッキリと見える状態になり、上体もいつもより回して投げなければならないので、体の使い

方が全体的に大振りになる。そうなると、リリースではどうしてもズレが出てきてしまいます。特に悪いときは、テークバックで本来サイドスローの投手が投げるようなフォームになってしまうので、肩がグーッと入りすぎないようには気を付けています。

コントロールの考え方として僕が一番大事にしているのは、捕手がミットを構えているところを意識するのではなく、その手前を目掛けることです。コントロールミスが絶対に許されない場面など、ピンポイントで狙いたいときこそ、終着点を意識せずに投げる。そのほうが余計なことを考えずに体をしっかり使って投げられますし、結果的に狙ったところへボールがちゃんと行ってくれることが

終着点であるミットを意識しすぎず、少し手前のゾーンを目安にしてそこを通過させるイメージを持つことで、コントロールはつけやすくなる

すごく多いですね。たとえばボウリングでは、遠いところにあるピンを直接目掛けて投げるよりも、手前（レーンの途中）にある三角形のマーク（スパット）を狙って投げたほうがコントロールはつけやすい。それと同じようなイメージです。

また、走者がいる場合にはクイックモーションで投げることも増えますが、僕の場合はもともと「右脚を着いたときに左腕がどこにあるか」という部分を大事にしているので、あまり苦にはしていません。足をしっかり上げてから投げようと、スッと踏み出してクイックですばやく投げようと、大事なのは右脚が着地する直前のタイミングで左腕が力を入れられる位置にあり、そこからしっかり振り抜けそうかどうか。どんな投げ方であっても、着地した瞬間の形がより同じ感覚でいられればブレは少ないわけです。そして、「このまま腕を振っても力が入らなさそうだ」と感じた場合は、力を入れられそうな位置へ持っていくための体の使い方を考えて構え方から調節しています。足を置く位置やスタンスはどうするか。グラブとボールの位置はどうするか。そういうものを設定し、自分が着地の形をスムーズに作れる方法を発見すれば、クイックであってもしっかりとコントロールできるようになります。

【コントロールの技術】

内外角へのコントロールのポイントは
右脚を使ってどこまで体幹を回すか

左右（内外角）への投げ分けについても説明しましょう。

投げるコースによってステップ脚の方向性を微妙に変えて調節す

○ 右脚が着地したときに左手が肩のライン近くまで上がってきていれば、しっかりと振り抜ける

× 右脚が着地したときに左手がまだ明らかに下にある状態だと、体の動きに対して腕の振りが間に合わない

る人もいるかもしれませんが、僕の場合、右脚が着地する位置はどのボールであっても基本的に同じです。ではどうやって左右のコントロールをつけるのかと言うと、まず対角に当たる右打者のインコース（左打者のアウトコース）については、先ほど言った「終着点（捕手のミット）よりも手前を意識して投げる」というイメージをより強く持つようにしています。

左投手にとって――特にプレートの一塁側から投げている僕にとって、右打者のインコースに鋭い角度をつけられるというのは大きな武器なのですが、そんな中でも「良いボールなんだけどちょっとシュート回転して甘くなったな」とか「決まったと思ったけどボール球になってしまったな」というときがあります。そういうケースではたいてい、終着点を見すぎて体の動きがどこかで少しブレているもの。ですから、本塁ベースよりも少し手前を意識するほうが良いのです。また、狙いどころは本塁ベースを半分に割ったとして、右側ゾーンの真ん中あたり。そこを目掛けて腕を振り、「この角度で（目安の場所を）通過すれば、そのまま進んでアウトコースにこういうボールが勝手に行ってくれる」という感覚で投げています。

さらに、リリースに関しては前で離すのではなく、あまり体を回さずに後ろで離すようなイメージを持っています。あくまでもイメージなので実際にそうなっているのかは分かりませんが、僕の中では体側の平面上で離すことをより意識し、腕が自分の体の真横に来たあたりでリリースするという感覚。体を回し切って腕を前に出したところからアウトコースへのラインを結ぶよりも、少し後ろの位置からラインを結んだほうが角度自体は大きくなるわけで、右打

者のインコースには投げやすいのです。また、そもそも「前で離そう」と意識しすぎると、逆にヒジが下がったり手首だけでコントロールしたりという悪影響が出てくることもあります。その結果、シュート回転をしてコントロールがズレたり、さらに制球ミスの怖さが増して今度は高めに抜けてしまったりもする。そういった邪念みたいなものを取り払うという意味でも、僕は「角度だけをつけて後ろでボールを離す」という意識を持っています。角度さえ分かってしまえば、右打者のインコースは決して投げにくいボールではありません。

そして、右打者のアウトコース（左打者のインコース）については、プレートの一塁側から基本的には真っすぐのラインをイメージし、本塁ベースの左側ゾーンの少し手前を目掛けて投げていきます。このときは体をしっかりと回し、ほんの少しだけボールを長く持って前で離す感覚。もちろん、体を捻っているから腕が前へ出ているように見えるだけで、実際には体側の平面上でリリースしています。

内外角に投げ分ける際はこうしてリリースの前後によって角度の差をつけているわけですが、そのために意識しているのは右脚の使い方です。決して体の回転そのもので操作するわけではなく、右脚が着いてからネジを締める感覚で地面を捻り込むとき、どれだけ体幹が回っていくようにするか。そのさじ加減によって調節しています。いずれにしても「ピンポイントで良い球を投げなきゃいけない」「見逃しストライクを取らなきゃいけない」などと堅苦しく考えることはなく、「角度さえ間違えなければ絶対にそこ（内外角の狙ったところ）へ行くんだ」という感覚です。

右打者
インコースの
イメージ
右打者
アウトコースの
イメージ

【コントロールの技術】

高低へのコントロールのポイントは
重心の位置と投げる軌道のイメージ

続いては、高低への投げ分けについて。リリースの感覚は基本的に変わらず、指のアーチの角度を保ったまま、エキセントリック収縮を感じてしっかりと引っ掛かるように離します。そして、どこで離せば低めに行くのか、どこで離せば高めに行くのか、リリースポイントからボールが進んでいく軌道をイメージしながら、フォームの意識を少し変えることで調節するようにしています。

具体的に言うと、まず低めに投げたいときは重心を通常よりも少し高い位置に持ってきて、やや腰高のまま投げるイメージを持っています。低めを狙う際、一般的にはボールが低い位置から真っすぐ伸びていく軌道をイメージし、重心を下げて自分の体も低く沈めようとしがちです。しかし、捕手のミットに対して潜るように体が入っていくと、着地したときには頭が前に突っ込んで腕が遠くへ離れ、ボールは逆に高めへ抜けてしまいます。低めへ投げるためには、腕がしっかりと振られながら頭を追い越していき、リリースではボールを指で上からしっかり抑え込めていることが必要。上体を高い位置に保っておくと頭は前に突っ込みにくく、あとはストップ動作が上手くできれば腕がしっかりと振られて頭を追い越してくれます。ですから、低めに投げたいときほど重心は少し上。「狙う」というよりは、「勝手にそこへ行く」という感覚です。

ただし、これはあくまでも自分の意識の問題であって、実際にフォームを大きく変えているわけではありません。映像などを見て

低めを狙うときのイメージ

重心を通常よりも少し高い位置に保ちながら動く感覚

高いところから低いところへ向かっていく軌道をイメージ

も普段との違いは分からないレベルだと思いますし、上体が高く浮いているわけでもないでしょう。要は、腰高をイメージしながら投げると高いところ（リリースポイント）から低いところ（目標）へ向かっていく投球の軌道をイメージしやすく、自然とそこに乗せやすいという話です。

一方、高めに投げたいときはどうするかと言うと、今度は低めとは真逆の発想になります。重心を通常よりも少し低く保つことを意

高めを狙うときのイメージ

重心を通常よりも少し低い位置に保ちながら動く感覚
低いところから高いところへ向かっていく軌道をイメージ

識しながら、低いところから高いところへ向かって投げる感覚。ヒジも少し低い角度から出していくイメージで、投球の軌道としてはやや下から見上げているようなラインに乗せていきます。ただ、こちらに関しても、あくまでも頭の中でのイメージの話。実際に下から見上げようとすると頭の位置が低くなって体のバランスが崩れてしまうので、「斜め上に向かっていくラインを意識する」という表現が正しいですね。

「終着点を見すぎると体がブレやすい。
ピンポイントでコントロールしたいときほど、
終着点よりも手前を意識して投げる」

【変化球の技術】

持ち球はストレートを含めて４種類
変化球は変化球用のフォームを追求

ここまではストレート（フォーシーム）を前提に話をずっと進めてきましたが、良い打者を抑えるためにはもちろん「ストレートだけ」というわけにはいかないので、変化球の技術も身につけておく必要があります。また、よく「ストレートありきの変化球」と言われたりもしますが、その一方で変化球そのものの質が良くなければ打者には簡単に対応されて、結局、ストレートに合わせて打たれる確率が高くなってしまいます。つまり、逆に「変化球ありきのストレート」でもある。良いストレートがあることで変化球は生きるものですが、逆に良い変化球もしっかり持っていなければ、ストレートも生きてこないということです。

僕はもともとアマチュア時代から変化球を投げるのがあまり上手なタイプではなく、データ的に見ても、決して何か１つの変化球が飛び抜けた数値を出しているというわけではありません。ですから、オーソドックスな球種はひと通り投げられるようになったほうが良いと思っています。そう考えていろいろと試したりしてきた中で、現在の持ち球となっているのがスライダー、チェンジアップ、カーブの３つです。

いずれの球種の場合にも気を付けているのは、それぞれのボールに合った投げ方を求めていくということです。一般的には「ストレートと同じフォームで腕の振りが変わらないほうが良い」と言われています。ただ、僕の場合はもともと「どんな握り方をしてもストレートに寄っていく」という特徴があって、ストレートと同じフォームで投げようとすると、本当にただのストレートになってしまいます。また、それでもストレートの投げ方にできるだけ寄せながら変化させようとすると、今度はフォームが緩んだり、投げ方が明らかに変わってしまったり……。したがって、考え方としては「変化球は変化球用のフォームでそれぞれ投げれば良い」が基本です。そして、ストレートを投げているフォームのことは切り離し、その球種を一番スムーズに投げられるメカニズムや感覚の部分での投げやすさなどを意識しています。その結果、自然とストレートと同じ形になっているということが多いですね。

ストレートと同じフォームを意識するとただのストレートになってしまう傾向があるため、変化球の投げ方はそれぞれ切り離して考える。それでも結果的に投げやすさを求めれば、ストレートのフォームに寄っていく

【変化球の技術】

＜各球種の握り方と投げ方❶＞

ストレート（フォーシーム）

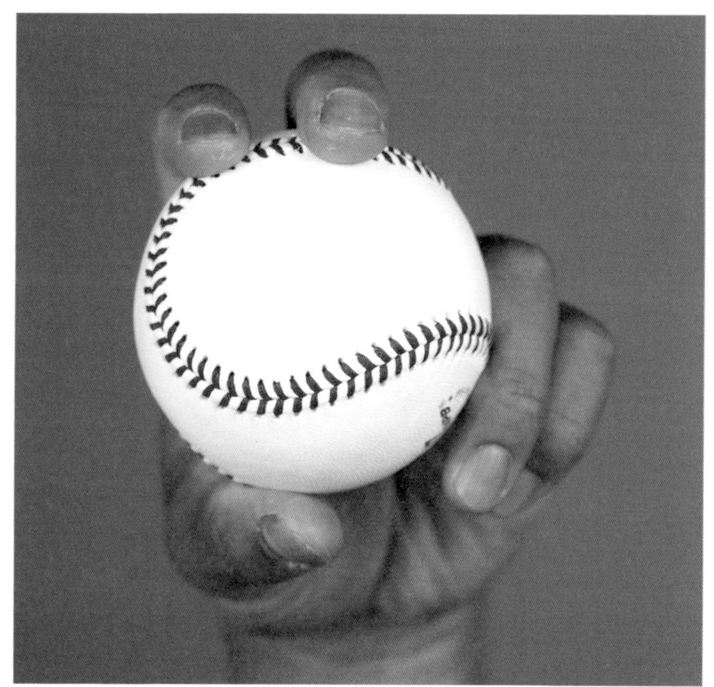

ストレートはリリースのイメージを重視しているため、握り方にはあまりこだわりがありません。ただ、先述したように「立方体を投げている」という意識なので、人さし指・中指・親指を角（立方体の辺）にしっかり当てるという感覚があります。そして、その立方体をキレイに離して真っすぐな縦回転を与えようと思ったら、人

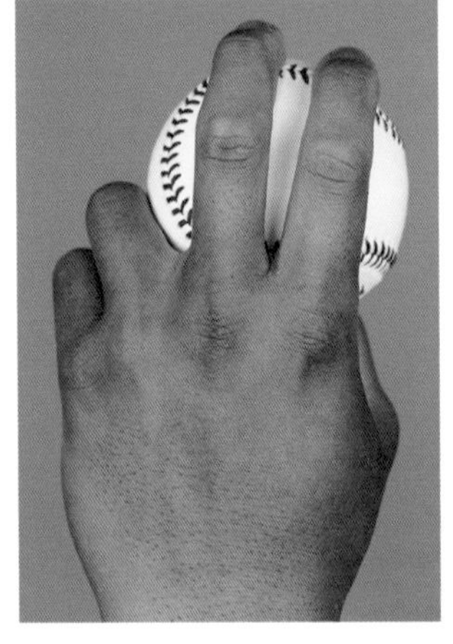

さし指と中指は常に均等な力を伝えられるような状態で縫い目に掛かっていなければならない。ですから、そもそも握り方がズレることはありません。そう考えても、回転効率の高いボールを安定して投げるためには「立方体を投げる」という意識が一番だと思っています。なお、僕の中で両指の間隔は、指１本がちょうどギリギリ入らないくらい。２本の指をピッタリとくっつけて握る人もいますが、僕の場合はそうするとシュートしたりカットしたりと１球ごとに回転が微妙にズレてしまいそうな気がするので、少し空けておくのがちょうど良いと思っています。

リリースに関しては、すでに話したように指のアーチの角度を固定しておいて、腕が振られたときの遠心力にも負けないようにしっかり押さえ、前腕の筋肉の伸張を感じながら指先に強く引っ掛かるように離れていく感覚です。ただし、リリース時には結果的に２本の指がキャッチャーミットへ真っすぐ向いているのですが、自分の

中に「真っすぐ向けて離す」というイメージはありません。どちらかと言えば、腕の使い方を感じながら自然な流れで離しているという感覚。つまり、最初に腕が内旋（回内）しながらテークバックへ向かっていき、外旋（回外）への切り返しによって、まずは投げる方向に対して左手の小指や薬指から出ていく。そこから最大外旋位を通過して、内旋（回内）しながらリリースへと移っていくことで、最後に人さし指と中指が真っすぐ向く。そんなイメージですね。

ストレートのリリースは指を真っすぐ向けながら振る意識ではなく、腕の内旋→外旋→内旋の動きに合わせて自然に指から離れていくイメージ

【変化球の技術】

＜各球種の握り方と投げ方❷＞

スライダー

スライダーは簡単に言えば横方向や斜め方向に曲がっていく球種ですが、リリースの仕方は本当に人それぞれです。「握り方だけを変えてほぼストレートと同じように離す」と言う人もいれば、「指先で切る」「指の側面で弾く」「手首を使って捻る」などと言う人もいます。僕の場合はそもそも最初からスライダーを投げるための手

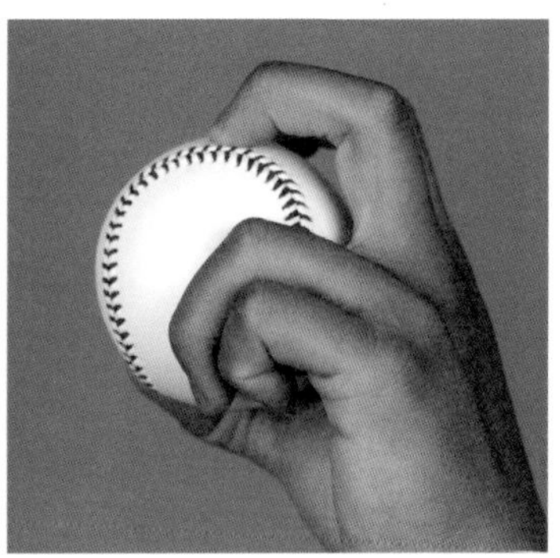

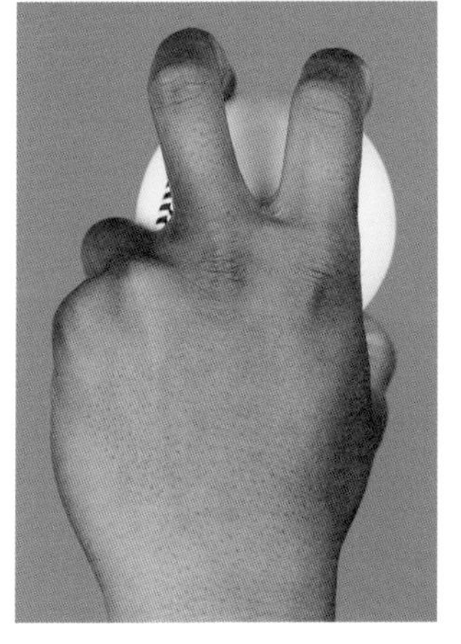

首の使い方をしていて、リリース時も明らかにストレートとは手首の角度が違います。以前は苦手な球種でもあったのですが、試行錯誤を重ねてようやく感覚をつかみました。

詳しく説明すると、まず握り方としては人さし指と中指をどちらもグッと深く曲げ、2本の縫い目に対してそれぞれ指先を立てながら引っ掛けます。いわゆる“ナックルカーブ”に近いですね。そして最初から手首をこねるような形（掌屈した形）にして、ボールの面（手のひらの面）をずっと自分に向けておく。この状態からスタートし、体の回転に合わせて腕を巻いていきながら2本の指で真横に回転を掛けていきます。また、僕の中でスライダーというのは「鋭い回転を掛けるためにもできるだけ長くボールを触っていなければならない球種」というイメージ。ですから、腕を振るときも常に手のひらを自分に向けているような感覚で、最後は左手を体の正面へグーッと持ってきて手の甲が捕手へしっかり向くところまで、とにかく長くボールに触り続けることを意識しています。

そうやって鋭いサイドスピンを加えることで、横方向に大きく曲がってくれるというイメージです。狙いどころの目安としては、ストレートと同じように「手前の空間を通過させれば勝手に終着点へ行く」という考え方。変化球の場合は特に、終着点を意識すると腕が振れなくなりやすいので、本塁ベースの手前のゾーンを狙うことがより大切です。スライダーは決してストレートの軌道にボールを乗せていくわけではないのですが、投げ出しの際、右打者の外角ストレートのときに狙うゾーンを目掛けると、右側へ大きく曲がってちょうど右打者の内角へ。そして、それよりも左側を目掛けると、ボール球ゾーンから右側に曲がって外角のストライクゾーンへと収まっていきます。変化の度合いはリリースの感覚で調節していますが、大きく変化させるためにはとにかく「ボールを最後まで長く持つ」ということがポイント。あとは離すタイミングを変えたり、親指の位置をずらして握ったり、手首のグリップの角度を変えたりして微調整をしています。

スライダーは最後までボールをずっと触り続ける意識を重視。指先を立てて手首をこねた状態から、そのまま腕を巻いていく感覚で体の前まで持ってくる。そして手の甲を捕手へ向けるくらいのイメージで真横に鋭いスピンを掛けていく

スライダーを
アウトコースに
投げるイメージ

スライダーを
インコースに
投げるイメージ

**ここのゾーンを
通すイメージ**

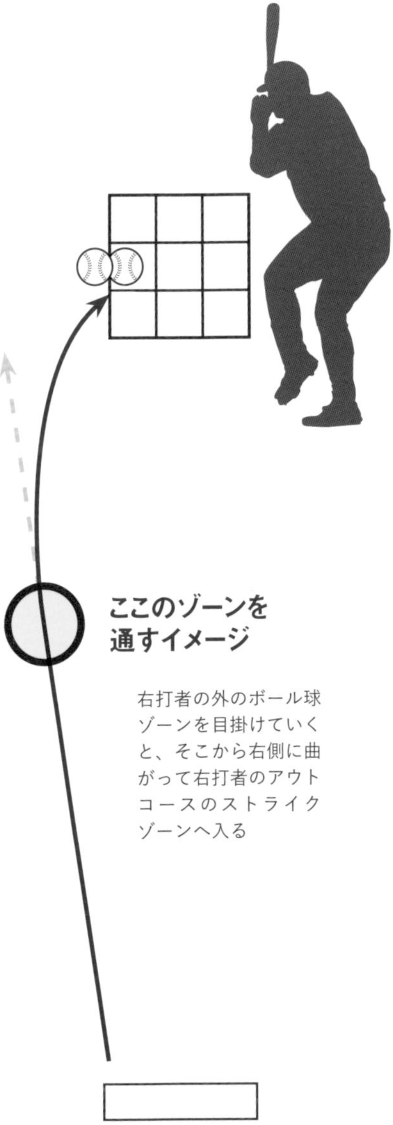

右打者の外のボール球ゾーンを目掛けていくと、そこから右側に曲がって右打者のアウトコースのストライクゾーンへ入る

**ここのゾーンを
通すイメージ**

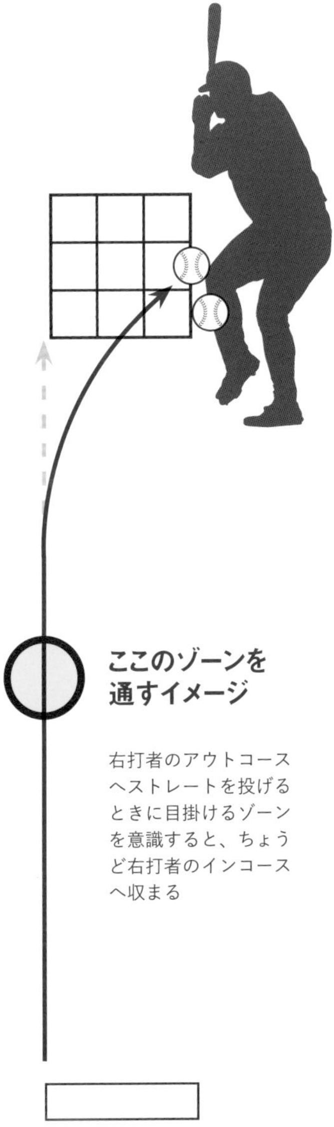

右打者のアウトコースへストレートを投げるときに目掛けるゾーンを意識すると、ちょうど右打者のインコースへ収まる

【変化球の技術】

<各球種の握り方と投げ方❸>

チェンジアップ

チェンジアップは右打者の外側へ逃げていくように沈み、また左打者の内側には食い込みながら沈んでいく軌道が理想です。そして、リリース時にはやや左側に回転を掛けつつ、ボールの“抜け感”をしっかりと出すことを大事にしています。

と言うのも、僕はもともと指先の力が自然とボールにしっかり伝

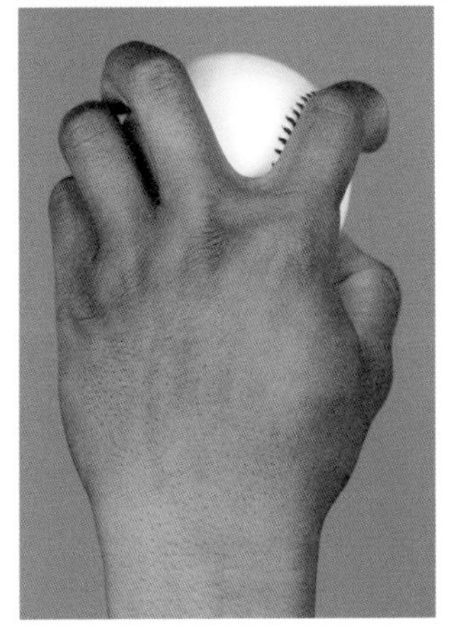

わっていくタイプで、「チェンジアップの握り方で腕をしっかり振るだけ」という感覚だと、どうしても回転が強く掛かってストレートと変わらないほどのスピードが出てしまいます。チェンジアップの場合は特にストレートとの違いをしっかり出さなければ、そもそも変化球になってくれないのです。したがって、腕を強く振ろうとせずにしっかりとボールを抜くことが大切。そして「落とそう」と考えるのではなく、「ボールが来ないから重力に負けて勝手に落ちる」という認識で投げていますね。

ちなみに、よく「ストレートと違うフォームで投げていたら打者から悟られてしまう」と言われたりもしますが、そこはあまり気にする必要はないと思っています。グリップ（握り方）がしっかりと利いていて、なおかつ腕が振り抜きやすいフォームで投げられているのであれば、たとえストレートを待っている打者が途中で「あっ、チェンジアップだ」と気付いたとしても、なかなか対応できません。明らかにテークバックが違っていて投げる前からすでに分かっている場合など、よほどのケースでない限り、0コンマ何ミリの世界で打ち方を変えることはできないでしょう。

握り方に関しては人差し指と中指の間をしっかりと開き、2本の縫い目の間隔が大きく広がっている部分を外側から挟むような形。また、リリースで強い力が伝わらないようにするためにも少し浅めに握っていて、手のひらとボールの間に少し空間的なゆとりを持たせ、指先だけでボールを固定しているような感覚があります。そしてリリースでは、力が入っていない両指の第二関節あたりでボールを投げ、指先に引っ掛かってやや上に転がりながら離れていくイ

チェンジアップを投げる際のイメージ

狙いどころに関しては、基本的には低めのストレートを投げるときと同じ感覚だが、ストライクゾーンの9マスの下にもう1段（3マス）あることをイメージする。そして4段のうちの下2段（黒のゾーン）を目掛けていくと、結果的に最下段へ落ちて「ストライクからボール」の変化球になる。一方、その感覚でボールが浮いてしまう場合は、下2段のゾーンをさらにマス目の半分ほど下へずらし（青のゾーン）、ワンバウンドにすることを意識。そうすることで欲が出ることを抑えられて、ボールが低めにまとまっていく。逆に明らかなワンバウンドになってしまうときは、黒のゾーンを意識することで上手くコントロールできる。その日の傾向などによって、2つのゾーンは使い分けている

赤枠=ストライクゾーン
黒枠=ストライクからボール
青枠=ワンバウンド

メージ。このときには、できるだけボールの広い面（縫い目がU字に見えている面）をずっと上に向けておくという意識もあります。それと実際は少しだけ左側にも回転を掛けているのですが、だからと言って腕や手首を捻っているわけではなく、上手く抜ければ自然と少しシュート成分が加わるという認識です。

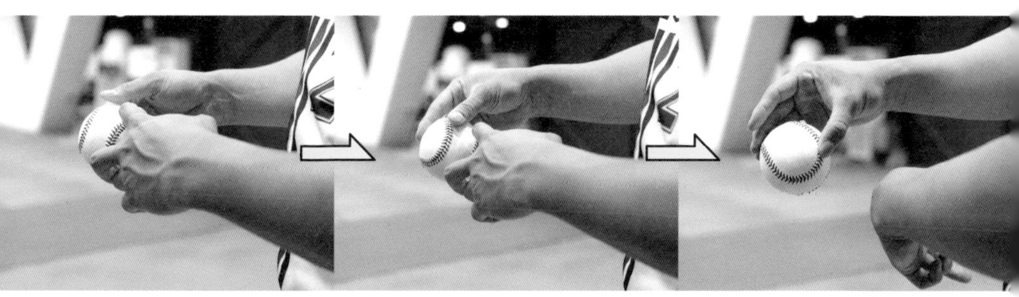

チェンジアップは左側に回転を掛けながら落とすイメージだが、意識的に捻るわけではなく、自然と抜ける感覚を大事にしている。やや浅めにボールを挟んで第二関節で投げ、リリースの最後に指先に引っ掛かってボールが上へ転がりながら離れていく

【変化球の技術】

<各球種の握り方と投げ方❹>

カーブ

僕のカーブは投げた瞬間からいきなり上へ向かってストレートの軌道を外れ、ポーンと１つの山を描いて落ちてくるというボールです。試合で多投することはあまりないのですが、一方でその日のボールの質にかかわらず、絶対に投げたほうが良い球種だとも思っています。カーブがないというのが分かるだけで、打者はいったん

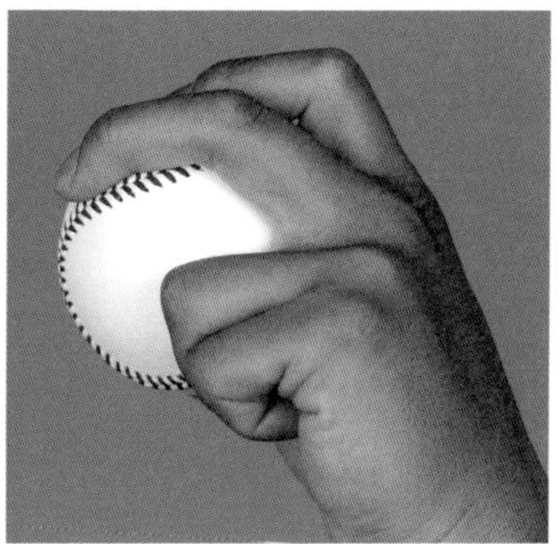

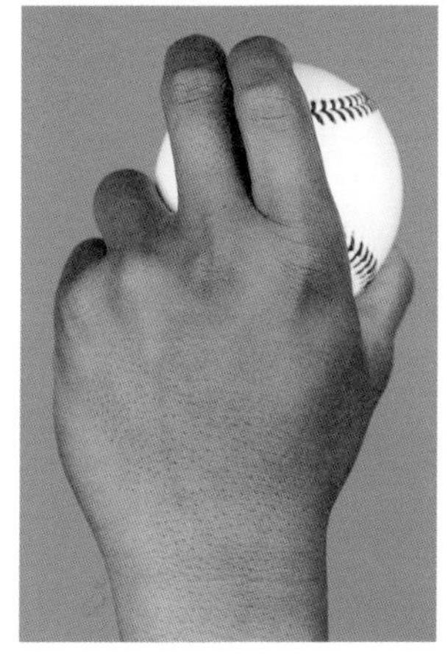

上に外れてからまたストライクゾーンに戻ってくる軌道を意識する必要がなくなるので、目付けが低めの厳しいコースへと向いていきます。そして、低めに良いボールが決まったとしても、きっちり捉えられる可能性が高まってしまうのです。だから、たとえカーブでストライクが入らなかったとしても、必ずどこかで投げるようにしていますね。

投げ方については、まず中指と親指がそれぞれ縫い目のラインに沿うように握ります。人さし指は中指の隣に添えておくだけ。そして、中指の第二関節と親指の第一関節でボールを持って投げるというイメージです。指先自体はボールに触れておらず、リリースでも指先を使って捻るような感覚はありません。

また変化球全般に言えることですが、僕の中では「この形でボールを持って普通に投げれば、自然とその握り方に合ったフォームになって勝手にこういう変化をしてくれる」という認識で、実際にそういう握り方を探して現在の３球種に辿り着きました。ですから、

「こういう回転を掛けよう」とか「手首をこう使おう」「腕をこう動かそう」といった意識はほとんどありません。カーブの場合で言うと、中指と親指の関節で握っておけば自然と手首を内側へ捻った状態になり、投げようとする時点ですでに手首を巻きながら腕を振る準備ができています。そしてヒジが少し後ろへ持って行かれながら、最大外旋位から腕を切り返していくタイミングで早めにリリース。もっと言うと、手首が巻かれてヒジの位置がやや低くなっている状態で固定したら、そこからボールをずっと左耳の横あたりに置いたまま、体の回転に合わせてヒジを伸展させることで腕だけを振り抜いていく感覚。そうすると、腕は前へ伸びながらもボールは一瞬だけその場に残ってから真上に抜けていき、自然と縦のトップスピン（順回転）が掛かっていきます。

カーブのイメージ

カーブは投球のラインを思い描くのではなく、とにかく「捕手のミットに対して手の甲（あるいは指先）を向けてリリースする」というイメージだけを抱く。そうすると勝手に弧を描きながら終着点へ到達してくれる

ちなみに、カーブはボールの軌道に関してもまったく意識をしていません。僕が頭の中で抱いているのは、あくまでも「捕手のミットに対して手の甲（あるいは指先）を向けてリリースする」というイメージだけ。そして投げた直後にボールがポーンと浮いていき、勝手に落ちてちょうどミットへ入ってくれるという感覚です。

カーブは中指の第二関節と親指の第一関節でボールを持って投げる。何も考えなくても自然と手首が内側に捻られて、内側に巻いていくような腕の振りになる。リリースはボールを耳の横あたりに置いたまま、腕だけを振り抜いていく感覚。そうするとボールが上に抜けながらトップスピンが掛かる

【変化球の技術】

左手の感覚

僕は手の大きさや指の長さに大きな特徴を持っているわけではないのですが、リリースには特徴があります。先ほども少し触れた通り、指先の力が自然とボールにしっかり伝わりやすいという点です。つまり、ストレート系のボールを投げるのは得意なのですが、逆に言うと、どんな握り方をしてもどんな投げ方をしても、最後のリリースだけですべてがストレートに寄ってしまう。「この握り方ならシュートするはず」「このボールは絶対にカットする」と思っても、回転だけがその方向にズレていきながら、軌道はストレートのまま真っすぐ進んでいくのです。

これは、野手であれば送球ミスが減るので良いことなのだと思いますが、投手としては決して良いことだとは言えません。変化球を投げる感覚が習得しにくい上に、曲げようとしても曲がらずに中途半端なストレートになってしまうことが増えるからです。実際、現在のスライダーやカーブを身につけるまでには苦労もしましたし、チェンジアップについても“わしづかみ”や“サークルチェンジ”などいろいろな握り方を試しましたが、なかなかボールが抜けずに140㌔台のスピードが出てしまっていました。根本的にそういうリリースをするというのが分かっているからこそ、変化球を投げる際は「それぞれの球種に合った投げ方」を求めているわけです。

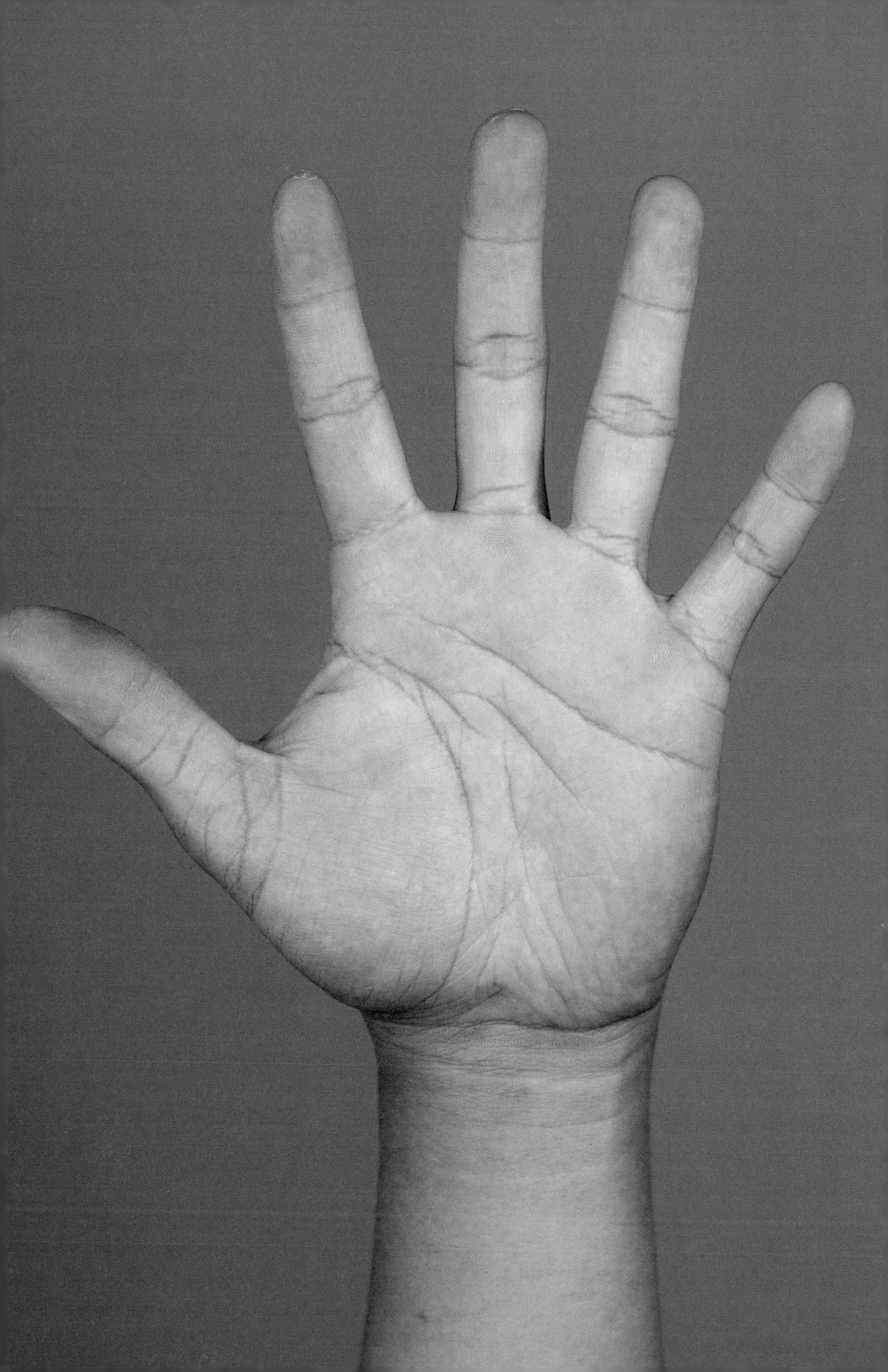

CHAPTER. 4
試合に向けた準備と意識

「自分が絶好調だからと言って、
打者を抑えられるとは限らない。
万が一のときのためにも
引き出しをたくさん持っておく」

<試合での投球の考え方>

初球に対してあまり気持ちを込めすぎず 相手の反応を見て傾向を感じ取っていく

試合で打者を抑えるために大切な要素はいろいろありますが、僕はすべての面においてバランスを持つことが重要だと思っています。もちろん、自分の中で理想としているボールが投げられれば抑えられる確率は高まるでしょうし、近年はバイオメカニクスなどもかなり進化しているので、「こういう使い方ができればこういうボールが投げられる」という部分にアプローチすることも大切です。ただ冒頭から言っているように、野球というのは「投手が良い球を投げる選手権」や「スピードガンコンテスト」ではありません。たとえば回転数がすごいとか、回転効率が良いとか、回転軸にこういう特長があるとか、そういった“質の高いボール”を投げたからと言って、打者を必ず抑えられるというわけではないのです。したがって、良い球を投げることだけに特化せず、コントロールや配球、間合いなどのさまざまな部分にもしっかりと目を向けておくこと。前提として「どうすれば抑えられるか」を考えながら、バランスの良い投球をしていくことが大切だと思います。

試合での大まかな考え方としては、まずはその日の状態の中で、自分のパフォーマンスが相手に通用するのかどうかを見極めています。そして、相手打線には一番打者から九番打者までいるので、その並びのどこでアウトを取りたいのかを考えます。どんなに強力打線が相手でも、決して「一番良い打者」と常に勝負するわけではありません。自分がアウトを取れる確率が高いところでしっかりと勝負していき、無理に勝負する必要がない場面では意地になって投げないようにする。

「野球は〝投手が良い球を投げる選手権〟ではない。
『どうすれば抑えられるか』を考えながら、
バランスの良い投球をしていくことが大切」

そのあたりのバランスも心掛けていますね。

また実際に試合で投げる場合、まずは“入り”の1球目が大事になりますが、特に先発投手の試合開始直後（1回表・1回裏）の先頭打者への初球というのは、緊張感もある中で最も不安を感じながら投げることになります。ただ、大事だからと言って「しっかり投げなきゃいけない」とか「厳しいコースで低めをしっかり突いていくぞ」などと意気込んでいくと、だんだん苦しくなっていってしまいます。ですから、僕の中では力も気持ちもあまり込めすぎず、他の人の投球を見て「あぁ、なんか1球投げたな」と思うときと同じような感覚。自分を客観的に捉えて「別にそんな力を込めなくてもいいじゃん」くらいの感じで投げたほうが、試合にスッと入れて、結果としても良い方向に進むことが多いのです。実際、僕は先発登板が多く、今の野球では先発投手が100〜110球あたりを目安として交代になることが多いので、「自分の手持ちの100球の中から1球投げたことで残り99球に減った」というくらい、気楽に考えています。

そして、先頭打者に初球を投げたら、相手は何かしらの対応をしてきます。たとえば「右方向へ打とうとしてきているな」とか「速い球には反応している」「低いボールにはまったく反応がない」など。そういう部分を踏まえて僕は次の1球を選択し、さらに反応を見ていきます。そして結果的に打たれようが抑えようが、まずは一番打者を通じて、さらには初回の1イニングを通じて「こういう打撃がしたいんだろうな」「今日はこういう感じで対策してきているな」という部分を把握し、その先（後続の打者や次のイニング、同じ打者の次打席など）に備えることが大事だと思っています。

なお、これはもちろんチームカラーにもよるもので、各打者がそれぞれ自分で考えて個別に対策をしてくるチームもあれば、組織として戦略を立てて全員が対策を徹底してくるチームもあります。また、戦略的に対策を取ってくるチームであっても、その打者だけは個人で対応していくことが許されている、という場合もあります。ですから、その打者が所属チームの中でどういう立ち位置にいるのかを頭に入れておくことも重要。チームカラーや各打者の立場などを捉えながら、投げたボールへの反応を見て「この打者はこうしてきている」「このチームはこうしてきている」というのを感じ取るように心掛けていますね。

＜調子の良し悪しと対策＞

不調時は無理に100%を目指さず
60%の状態で試合に勝つ術を考える

安定した投球をするためには、その日の状態をいち早く察知し、その日の自分が投げやすいフォームを探していくことが大切です。調子の良し悪しはボールが走っているかどうか、腕をしっかり振り抜きながら指先に掛かっているかどうかなど、感覚だけで分かる部分もありますが、僕は一番分かりやすい目安として「自分の力感」と「実際のボールの速さ」を照らし合わせ、どれだけギャップが出せているかを考えていますね。

たとえば自分の中ではメチャクチャ軽く投げているつもりにもかかわらず、実際のスピードガン表示が140㌔台後半や150㌔になっているときは、「こんなにスピードが出るのか。じゃあ今日はこれくらいの感覚で行けば、スタミナを消費せずに投げ切れるな」と判断します。しかし、自分の中では148㌔の出力の感覚で実際のスピードも148㌔しか

出ていなければ、最初のうちはそのスピード感だけで打者からファウルが取れたりする可能性もありますが、「これはおそらく後半になったら打たれるな」「打者にはそこまで速く感じられていないだろうな」と判断します。この場合、自分の中ではスタミナのゲージがどんどん減っていく感覚。したがって、投げていく中でフォームの修正をしたり、もしくは悪いなりに抑えるために別の方法を考えたりします。

先発ローテーションで回っている場合、基本的には1週間のリズムなどが分かっているので、もちろん試合の日に合わせてきっちりと調整はしていきます。ただ、ずっと続けていると調子の差はどうしても出てくる。良い状態が長く続くこともありますが、だいたい4〜5試合に1回くらいのペースで「今日は打たれるだろうな」とか「ストレートを引っ張られてしまうな」と感じる日がありますね。要因としてはやはり疲労の蓄積、メカニズムの部分での微妙なズレ、さらにその日の体のバランスや筋肉の状態が関係しているのだと思います。

そして前にも言った通り、僕の場合は状態が悪いとき、右肩が一塁側へ入りすぎて背中が打者に見えてしまう傾向にあります。その原因についてはおそらく普通に投げても出力が上がらないということで、無意識のうちに自分で「力を出そう」としてしまっているのでしょう。「今日は調子が悪い」と気付いたときはもちろん、まずはフォーム修正を図ります。もともと普段から1球ずつ修正していく習慣もあるため、投げているうちに「この部分をこうすればこういう投げ方になりそうだ」という兆しが見えてきて、少しずつ良くなっていきます。

ただ一方で、いくら修正を図っても「どうしても上手くいかない」「良くなるイメージが湧かない」という日もあります。そういう場合は「今日は悪い日だから、その中でどうにかしよう」と切り替えます。結局、

「調子の良し悪しの目安として
一番分かりやすいのは、〝自分の力感〟と
〝実際のボールの速さ〟のギャップ」

その日はいくら頑張っても60%程度しか力を出せないもの。そこで無理に「100%に近づけよう」と考えると、力みが生まれたり、あるいはコントロールを意識して腕が振れなくなったりしてバランスが悪くなってしまいます。それよりも「今日のベストは60%なんだ」と割り切った上で「いかに毎回60%の力を出せるか」「60%の状態で投げられるボールをいかに組み立てるか」。そう考えたほうが投球は安定します。

さらに大事になってくるのは、「自分の60%」が通用する打者と通用しない打者をしっかり見極めて勝負していくことです。自分が60%しか出せない状態にもかかわらず、そのボールが通用しない相手に真っ向勝負を挑んでいくというのは、当たり前ですが確率が高いとは言えません。そういう打者に対しては「四球でも良い」と考えて臨んだり、また勝負しなくても良い場面なのであれば、あえて勝負を避けるという選択をすることも必要です。これは「逃げる」という感覚ではなく、「チームが勝つためには今、この打者と強引に勝負する必要はない」という意識。結局、試合では「チームを勝たせる」というのが一番の目的であって、「自分にできないことは無理にやらない」というスタンスですね。

また、これは「投手対打者」の相性の部分もありますが、僕の投球に対して完璧に合っている打者には、間合いを変えて投げることもあります。たとえばフォームの間合いで言うと、右脚を上げてからの時間を少し調節したり、並進運動から着地のタイミングで少し粘って「右脚が着きそうでまだ着かない」というフォームにしてみたり、普段はまったくやらない配球のパターン、あるいはその打者に対して普段は投げない球種やコースを使ってみたり……。そうすることで、打者を抑えられる確率は少し上がると思います。さらに投球の間合いの部分では、あえてボールを長く持ったり、パッとクイック気味のフォームで投げたり……。試合が始まってまだ早いうちのイニングや、点差が（リードでもビハインドでも）大きく離れている状況など、「今なら普

どうしても調子が悪いとき、無理に100％の状態に近づけようとすると、逆にバランスが崩れてしまうことが多い。「今日はそういう日なんだ」と割り切り、その状態でも通用する打者と通用しない打者を見極め、試合をトータルで考えていくことが大切

段と違うことをしてもあまり傷が深くならない」という場面では、そうやってリズムを変えたりもします。万が一のときのためにも、引き出しはたくさん持っておくようにしていますね。

<環境へのアジャスト>

試合前には一度メーターを振り切っておく
マウンドが合わないときほど脱力を意識

野球の試合はいつも同じ球場で行うとは限らず、さらに気候やグラウンド状況などによってもマウンドの条件は変わるため、常に「その日の球場に合わせる」「その日のマウンドに合わせる」という作業も大切になります。

試合でのマウンドにしっかりアジャストするためには、まずは試合前のブルペンでいったん2～3球程度は全力（最大出力）で投げておくことが必要だと思います。もちろん、試合が始まる前に大きく消耗してしまったら意味がないので、すべて100%で投げるわけにはいきません。ただ、投手というのはいざマウンドに上がると気持ちが高まり、必ず「試合用の出力」になるもの。そこで一気にメーターを振り切っていくと、試合前に投げていた感覚とはズレが生じてしまうのです。だからこそ、試合前の時点で2～3球でもあらかじめ100%の力を出し、自分の中でメーターを振り切った状態を確認しておくことが大事。そこから体をしっかりコントロールすることを考えていけば、「試合でのマウンドはどうなのかな」という部分はあまり気にならないですし、ブルペンと試合で投球の感覚が変わったとしても、自分で違いに気付けるのです。

そして、もちろんマウンドによって傾斜や土の質などはそれぞれ違うものですが、「今日のマウンドは合わないな」と思ったら、なるべく力を入れないようにします。いつも通りの感覚で合っていないわけですから、意識的に何かを変えるしかない。しかも、そういう状況では力の入れ具合によって実際の出力が大きく変わるわけではなく、それまでずっと148㌔だったスピードが急に140㌔に落ちてしまうこともありません。また、ここで力を入れようとするといろいろな動作をごまかして勢いで投げてしまうので、なかなか修正が利かないのです。それならば逆に力を抜いて、1球ずつ体の流れを感じながら投げた上で、「ここの部分のメカニズムがおかしいんだな」というエラーを発見して修正するほうが良いでしょう。「意識的に脱力して、体のバランス重視で投げたほうが良い」というマインドですね。

なお、個人的な傾向としては、僕はドーム球場のほうが相性は良いと思っています。何が良いのかと言うと、一番は風の抵抗がなく気温や湿度なども一定に保たれており、外気の影響を受けないという部分。ドーム内の気圧しか受けないので球筋が安定して、実際に「ボールが伸びているな」と感じることが多いです。周りの環境が一定であれば当然ながら変化も起こりにくく、ドーム球場での試合の場合、僕はマウンドの違いに左右されることもあまりないですね。逆に屋外の球場で悪天候だったり、またマウンドの状況が悪いときなどは、先ほどのようにやはり「なるべく力を入れない」ということが大事です。最低限、力を入れるべきところだけグッと入れて、あとは基本的に脱力する。軽く投げるとは言わないまでも、少し遊び心のような余裕を持って投げています。

あと、僕がプレーする横浜DeNAベイスターズの本拠地は屋外の

横浜スタジアムで、上空で強い風が吹いていることも多いです。したがって、配球の部分では風のことも計算に入れながら攻め方を考えます。たとえばレフト方向に強い風が吹いていたとしたら、「右打者のインコースに投げるときは、引っ張られたら打球が伸びやすいから気を付けなければいけないな」「左打者へのアウトコースが高めに浮いたら、合わせられるだけでもホームランになってしまうかもしれない」などと注意しながら投げていますね。もちろん、常に慎重になっているわけではなく、打たれてから気付いて慎重になればいいときもありますし、打たれてからでは手遅れになるので最初から意識しておかなければならないときもある。そのあたりも含めて、打者の攻め方に関しては捕手としっかりコミュニケーションを取りながら判断しています。ただし、風が強いからと言って「それを利用してこういうボールを投げなきゃいけない」というマインドになる必要はないとも思っています。ボールの質まで合わせにいこうとすると、本来であれば良かったはずのボールが悪くなってしまうこともあるからです。

ちなみに、さまざまな要素にアジャストするという意味で言うと、国際大会などではよくボールへの対応なども話題になります。実際、僕も2023年3月のワールド・ベースボール・クラシックまでは大会に向けてWBC公式球を使っていました。ただ、個人的にはあまり苦になりませんでした。人によっては軽いボールや小さいボール、柔らかいボールなどを投げると引っ掻いてしまうということもありますが、僕は自分なりに指先の感覚を持っていて、昔からどんなボールでも自然と投げられるタイプ。使っていればすぐに慣れていくため、ボールが変わることに対する不安はないのです。

「『今日のマウンドは合わない』
と思ったら、なるべく力を入れない。
脱力して１球ずつ体の流れを感じながら、
メカニズムのエラーを発見して修正する」

DeNA
YOKOHAM

<コンディショニング>

決まっている流れに乗りながらも 自分で判断してメニューを微調整する

当然のことですが、試合で力を発揮するためには登板日に向けてコンディションを整えることが大切です。普段のコンディショニングで言うと、僕は大まかなスケジュールの中で動きながら、ところどころで自ら判断して必要なメニューを採り入れていくという感じ。もちろんチームの練習メニューや自分の練習メニューも大部分は決まっているのですが、「これは絶対にやらなきゃいけない」といった細かいルーティーンなどは作っていません。

基本的に体は毎日変わるもので、感覚も毎日変わるので、僕はそのときの自分に合わせたことをやるのが一番良いと思っています。だから、大まかに決まっているものを消化していきながら、その日の状態とその1週間の中での予定を考慮した上で、たとえば「あまり体幹に力が入っていないからトレーニングをしておきたい」「下半身にちょっと刺激がほしいな」とか、あるいは「1週間の中で今日は少し緩めておいたほうがいい」「今日はちょっと強度を上げて刺激を入れておこう」などと、自分で微調整しているわけです。

ここで、試合当日の僕なりの調整法も紹介したいと思います。

全体的に言えるのですが、まず僕は準備をあまり長くしすぎないということを大事にしています。たとえば試合前にストレッチやエクササイズを長くやり続けていると、体のキレが生まれにくく、フレッシュな状態で試合に入ることができません。そうならないように気を付けて、サクサクサクッと準備して試合に入ることを心掛けていますね。

1日の基本的な流れとしては、ウォーミングアップの3時間前くらいに起きているのがちょうど良く、たとえばホームゲームのナイターで18時試合開始だとすると全体でのウォーミングアップが13時半なので、起床は10時あたりですね。起きたら歯を磨き、白湯を飲んでからヨーグルトを食べてプロテインを摂取。そして家から出発する、というのが習慣になっています。途中でコーヒーショップに寄りながら、球場に着くのは12時前あたり。そこからシャワーをサッと浴び、横浜スタジアムのケータリングでチャーハンやうどんなどを食べて糖質（炭水化物）を摂ります。これはお腹いっぱいにするというよりも、そもそも登板の2～3日前あたりから糖質をしっかり摂ってカーボローディング（事前に糖質の摂取量を減らしてから一気に摂る習慣をつけ、エネルギーを貯めておくことで持久力を高める食事方法）をしているので、当日はその流れに合わせて糖質を摂取するという感覚です。

その後、13時半の練習開始に合わせてストレッチをした後、チームの練習に入って軽くウォーミングアップ。キャッチボールまで終えたら、そこで切り上げてすぐ中に入ります。このタイミングがだいたい14時半。ビデオルームで対戦相手の映像を観ながら情報を確認して、15時手前くらいにケータリングへ行きますね。僕は試合直前にはお腹に何も入れたくないタイプなので、試合開始の3時間前に固形のもので最後の糖質摂取をする。ここではバナナ2本、さらに当日持参しているカステラかどら焼きを食べることが多いです。そして16時半頃にミーティングがあるのですが、それまでは体を休めています。ロッカーでゆっくりしたり、15～20分程度の仮眠を取ったり、浴槽に浸かったり。そのときの気分次第で自由に過ごしています。

ミーティング後、17時頃からはグラウンドに出て、投げるための準備に入ります。僕はモビリティ（動きの中で筋肉の柔軟性や関節の可動域を広げていくもの）に近いメニューを行い、肩のエクササイズをしたらブルペンへ。この時点で17時20分あたりです。15分間ほど軽く体を動かしたら、17時30～35分あたりからはキャッチボールを始めて約10分間。そして17時40～45分あたりからブルペンのマウンドに入って投球練習をします。いつも22～23球で終わるようにしていて、17時50分にはロッカーに帰り、18時からの試合に臨んでいく。時間はあくまでも目安ですが、基本的にはこのような流れになることが多いです。

試合当日は体のキレを出すためにも、あまり長く準備しすぎないことを心掛けている。試合開始時間から逆算して起床や食事、ウォーミングアップ、キャッチボール、投球練習などを淡々とこなして試合に臨んでいく

<キャッチボール>

できるだけ脱力を意識して投げながら指にしっかり掛かっていく感覚を得る

キャッチボールでの意識ですが、まずはボールが指から離れていく感覚を確かめながら、「一番少ない力の使い方でどんなボールが行くのかな」というのを試しています。僕の中ではやはり「脱力するから出力できる」というのが大きなポイントで、実際に「こんなに力を入れなくてもいいんだ」という感覚を得ることが大切。たとえば遠投などでは相手のところまでボールが届かずワンバウンドになってしまったりすることもあるのですが、それくらい「力を入れない」ということにフォーカスして投げています。

距離は基本的に40メートルくらい。遠くなりすぎると体の使い方が投球動作とは違うものになってしまうので、メチャクチャ離れたとしても60メートルくらいで収めるようにしています。またボールが発射される角度も大事で、明らかに上を向いて山なりの軌道で投げてしまうと、やはり投球動作にはつながりません。とは言え、重要なのはあくまでも脱力。ですから、よくある「ライナー性の軌道を意識しながら全力で強く腕を振る」という形ではなく、「上向きにならない程度に角度を抑えながらも脱力して腕を振る」という感覚で投げていますね。そして、キャッチボールの最後のほうは距離を20メートルくらいに縮め、腕をしっかり振りながら指の掛かりをチェックしています。

ちなみにキャッチボールで感覚があまり良くないときは、無意識のうちに力が入って上から引っ掻くような系統のボールが増えています。この場合、体の開きが早くなって最終的に腕だけで操作してしまっている。右側（グラブ側）の肩甲骨の入り方が甘く、グラブがすぐ解けて体が早めに回ってしまっているか、もしくは左腕がスムーズに上がってきておらず、投げるときに背中側へ少し煽るような形になってしまっていることが多いです。したがって、並進運動の時間を少し長くすることを意識しながら、右側の肩甲骨をグッと少しだけ中に入れて肩の開きを抑えるようにしますね。そうすると左腕が上がってくる時間がしっかり作れるので、腕の力に頼らず、体の動きによって腕が振られる感覚が出てきます。

キャッチボールではリリースの感触を確かめながら離れていき、40メートル程度の距離では「いかに力を抜きながら腕をしっかり振れるか」を重視。最後に近づいて20メートルほどの距離で投げるときは、しっかり指に掛かっているかどうかをチェックする

<ブルペンでの投球練習>

22～23球の中でその日の傾向を確認
調子が悪くても無理には修正しない

試合前、ブルペンでの投球練習は22～23球です。どの球種をどれくらい投げるかという割合などは特に決めていません。ただしポイントはいくつかあり、1つは後半の15～16球目あたりから2～3球ほど、ボールの行方を気にせず100%の力でストレートを投げておくこと。先ほども言いましたが、「試合での出力」に備えていったんメーターを振り切った状態を確認しておくわけです。その後の数球はまた80%くらいの力に戻し、体をしっかりとコントロールしながらバランスを調整していきます。また試合ではクイックも必要になるため、最初の10球弱は普通にスッと足を上げてから投げますが、そこから先はすべてクイックで投げるようにしています。

それとすごく大切なのは、その日の状態の中で「ストライクゾーンからボール球にできる変化球」と「ストライクを取れる変化球」をしっかり確認すること。「このボールは狙ったゾーンにコントロールできる」「この変化球を投げるときはちょっと浮くな」などと、その日のボールの傾向や軌道をひと通りチェックするわけです。しかしながら、全部で22～23球しかないわけですから、一度も投げずに終わる球種が出てきてしまうときもあります。結果的に「カーブを確認するヒマがなかったな」とか「スライダーの調子があまり良くなくて、そこを確認していたらチェンジアップを投げられなかった」というケースも結構ありますね。ただ、ブルペンでの投球練習というのはある意味、投手にとっての精神安定剤のようなもの。そこで変化球をしっかり決めて、自分が「あぁ、良かった。今日も大丈夫だ」と思いたいだけ、という部分もあるので、要は自分が気にならなければ問題ありません。したがって、僕は最初から「すべての球種を投げられなくても別に構わない」と思っています。

そもそも、試合前のブルペンの時点ではもうできることが限られているので、そこで状態が悪かったからと言って何かを大きく修正することはありません。あくまでも試合での投球に入るために「今日の状態はどうか」と確認する程度。そして、あまり調子が良くなかったとしたら「まぁ試合になって頑張ればいいか」と考えます。逆に試合前のブルペンでメチャクチャ良かったときは、「試合ではこんなに上手くいかないだろう」という想いでマウンドへ向かいますね。打者というのはこちらが絶好調だから抑えられるものではないですし、何度も言うように野球は「良い球を投げる選手権」ではない。また結局、力をしっかり出さなければいけないのは試合のマウンドであって、僕は「どこで本領を発揮しなければならないのか」という部分を勘違いしてはいけないと思っています。

ですから、たとえば試合前のブルペンで「ラスト1球」の質にこだわって、納得できるまで投げるというのも無意味ではないかと。もちろんキャンプのときや通常の練習、調整の合間などではボールの質も最後まで追い求めていきますが、試合前に関してはまったく気にしません。「ラスト1球」でスライダーが大きく外れても、チェンジアップが全然決まらなかったとしても、「試合で絶対に良いボールを投げなくちゃいけない」という発想にはならない。マインドをしっかりリセットして、「試合でこういうボールが発生したときはこうすれば良いな」という対策のほうを考えます。

「試合で本領を発揮するためにも、
ブルペンで調子が良くなかったら
『試合になって頑張ればいいか』、調子が良かったら
『試合ではこんなに上手くいかない』と考える」

＜トレーニング＞

対になる部位のカウンター動作を意識して体をバランスよく使えるように心掛ける

トレーニングに関して、このメニューをやるのが良いというこだわりなどは特にないのですが、どんな内容でも僕は普段から「対となる動作」を心掛けています。たとえば片足を上げるとしたら、上げていないほうの足を意識する。片手で行うメニューであれば、もう一方の手でしっかりとバランスを取る。手足にしても体幹にしても、直接使っている部位とは反対側の使い方をしっかりと意識して、カウンター動作によってキレを出すイメージを大切にしています。

もう少し分かりやすく言うと、たとえば左手の「ワンハンドローイング」（左手でダンベルを持ってベンチに右手と右ヒザを着き、背中を地面と平行にして左手を真上に引き上げるメニュー）。このときは体の左側で頑張って引くことで左手を上げていくというよりも、右手を押して体の右側が頑張ることによって左手が自然と上がっていくという感覚です。あるいは「フロントランジ」（片脚を体の前に大きく出しながら着地してヒザを曲げ、そこから地面を押し返して体を戻していくメニュー）であれば、下半身の力を使って押し返していくというよりも、上半身を安定させることで動きをスムーズにするというイメージですね。そうやって違う部位のことをしっかり考えていると、投球動作についても「こういう動きのときはここを使えばもっと楽になるんだな」ということが分かってきます。

もちろんトレーニングの目的はさまざまですし、時期によっては最大出力を上げるために、重いものを持って体を強化していくことなどもし

ています。ただ、負荷が20キロだろうが100キロだろうが、カウンター動作を意識するというのは変わりません。そうすれば、どんな出力であっても自分の動きはあまり変わらずにいられますし、体の左右・上下・前後などが「50:50」でバランスよく使えるようになってくるのです。片方で頑張りすぎない。片方に頼らない。「50:50」のものがお互いにぶつかって100になるイメージを持つことで、なるべく力のロスが少ない使い方ができればいいなと思っています。

普段から左右・上下・前後などのバランスを考え、トレーニングにおいても直接使っている部位とは反対の部位を意識。そうすれば体の使い方が分かってきて、「50:50」のものをぶつけ合って100の力を出すことができる

＜道具へのこだわり＞

グラブの型は深めにして潰さずに使う
スパイクは剣を少しだけ削っておく

最後に、道具へのこだわりについてもお話ししておきます。

グラブについてはまず、メーカーに発注する段階で全体的に革を少し厚めに作ってもらうようにしています。また、周りには型を浅めにして捕球面がしっかり出るタイプの投手もわりと多いのですが、僕はそれがあまり好きではないので、型を付けるときは外野手と同じとは言わないまでも、わりと深め。基本的には真っすぐ縦に使いたいので、

ヒモは縦綴じにしています。さらに、親指側と小指側のヒモはどちらもあえて締めていません。ギュッと締めると何となくグラブがスッキリしすぎている気がして違和感がある。ちょっとだけ遊びのあるほうが好みです。

　そして投球動作の中でグラブを使うときは、力を入れてギュッと潰さないようにしています。大きな力を生み出すという意味では潰すように使っても良いのだと思いますが、僕の場合はグラブ（右手）を潰すと連動して左手にも力が入り、操作性が失われてしまう。グラブの中にある程度の空間を保ちながら扱ったほうが、グラブがどこの位置にあるか感じ取りやすいのです。

スパイクに関してはほとんどこだわりがありません。強いて言うなら、剣（刃）はあまり長すぎないほうが良いので、新品を発注するときは必ず一番長い状態から1～2ミリ削ってもらうようにお願いしています。僕の感覚ですが、剣が長いと体重が外側に掛かりすぎて体がカクッとなり、踏ん張り切れない気がしてしまうのです。また足裏と地面の距離ができるだけ近ければ、それだけ地面反力を感じやすいというイメージもあります。正直、1～2ミリの違いなので実際はあまり変わらないのだと思いますが、感覚としてはそのほうがしっくりきますね。

それと、僕は投球動作の中でくるぶしを蹴ってしまうときがあるため、足首まわりを保護できるようにずっとミドルカットを使用していま

す。おそらく僕のフォームの特徴でもあると思いますが、軸足（左足）がプレートに触れている時間が人よりも長く、ギリギリまでずっと離れずに足首が真横に倒れている瞬間があるのです。もちろん、左足の使い方を意識しているわけではなくて自然とそうなっているのですが、「P革」（追加でつま先を保護・補強する投手用の革）を越えて、左足の真横に土が付いているということはよくありますね。

「体の状態は毎日のように変わるもの。
だからこそ、常に理想のフォームを思い描くのではなく、
まずは〝今の自分〟が一番投げやすいフォームを見つけること。
その中で投げるボールを理想に近づけていく作業が大事」

今永昇太
NPB節目の軌跡

2015年のドラフトで横浜DeNAベイスターズから1巡目で単独指名を受ける

2016年3月29日の巨人戦（横浜）でプロ初登板・初先発。7回5安打3本塁打、自責点3

2016年5月6日の広島戦（マツダ）に先発し、7回無失点9奪三振でプロ初勝利

2017年4月19日の広島戦（マツダ）で9回1安打無失点7奪三振の快投を見せ、初完投・初完封勝利をマーク

2022年6月7日、北海道日本ハム戦（札幌ドーム）では9回117球9奪三振1四球無失点 で、史上85人目96度目のノーヒットノーランを達成。球団史上52年ぶり4人目となり、許した走者は1人のみ（準完全試合）

2017年の日本シリーズでは第2戦と第6戦で先発。日本シリーズの1カード中での2ケタ奪三振2回は、ダルビッシュ有（2007年第1戦、第5戦）と並ぶ最多タイ記録

2023年9月13日の中日戦（横浜）で1回にブライト健太から空振り三振を奪い、プロ野球史上156人目の通算1000奪三振を達成。史上8番目のスピードでの偉業を成し遂げた。同シーズンは自身初の投手タイトル“最多奪三振”を獲得した

今永昇太

いまなが・しょうた●1993年9月1日生まれ、福岡県出身。永犬丸西小学校時代はソフトボールをプレーし、永犬丸中学校では軟式野球部に所属。北筑高校に進学すると３年夏は県４回戦で敗れたが、最速144㌔のストレートは全国でも注目されるほどだった。駒澤大学では１年春のリーグ戦から登板。2年春からはエースとしてフル回転。３年春には３試合連続完封勝利を記録すると、同秋は、MVP、最優秀投手、ベストナインの3冠を獲得。チームの26季ぶりとなる優勝に貢献した。東都大学リーグでは通算46試合18勝16敗、防御率2.03、281奪三振をマーク。2015年ドラフト会議では横浜DeNAベイスターズから１巡目で単独指名を受ける。２年目に11勝、４年目に自己最多の13勝を挙げるなど、エースとしてチームをけん引。22年はセ・リーグ3位タイの11勝、防御率３位の2.26と安定した成績を残したほか、６月の北海道日本ハム戦(札幌ドーム)でノーヒットノーランを達成。チームの２位躍進に大きく貢献した。2023年はワールド・ベースボール・クラシックの日本代表に選出され、１次ラウンド・韓国戦で２番手、準々決勝・イタリア戦では１イニング２奪三振と要所を締める投球を披露。決勝のアメリカ戦では先発として登板し勝利投手。日本の世界一に貢献した。シーズンでは1000奪三振を達成し、最多奪三振のタイトルも獲得。

【NPB獲得タイトル】

最多奪三振：1回（23年）

【表彰】

月間MVP：2回（19年5月、22年8月）

NPB投手成績（2023年レギュラーシーズン終了時）

年度	登板	先発	完投	完封	勝利	敗戦	セーブ	ホールド	勝率	打者	投球回	被安打	被本塁打	四球	死球	奪三振	自責点	防御率
2016	22	22	0	0	8	9	0	0	.471	541	135.1	108	16	38	2	136	44	2.93
2017	24	24	3	2	11	7	0	0	.611	600	148	115	13	52	5	140	49	2.98
2018	23	16	1	0	4	**11**	0	4	.267	402	84.2	108	18	38	4	80	64	6.80
2019	25	25	3	**3**	13	7	0	0	.650	684	170	128	18	56	4	186	55	2.91
2020	9	9	0	0	5	3	0	0	.625	224	53	47	2	17	1	63	19	3.23
2021	19	19	1	0	5	5	0	0	.500	476	120	97	16	26	4	110	41	3.08
2022	21	21	3	**2**	11	4	0	0	.733	560	143.2	106	14	29	3	132	36	2.26
2023	22	22	2	0	7	4	0	0	.636	596	148	132	17	24	4	**174**	46	2.80
通算	165	158	13	7	64	50	0	4	.561	4083	1002.2	841	114	280	27	1021	354	3.18

※太字はリーグ最高

YOKOHAMA DeNA
BAYSTARS
21

今永昇太のピッチングバイブル

2023年10月31日　第1版第1刷発行
2024年10月31日　第1版第2刷発行

著者　今永昇太

発行人　池田哲雄

発行所　株式会社ベースボール・マガジン社

〒103-8482
東京都中央区日本橋浜町2-61-9　TIE浜町ビル
電話　03-5643-3930（販売部）
　　　03-5643-3885（出版部）
振替口座　00180-6-46620
https://www.bbm-japan.com/

印刷・製本　大日本印刷株式会社

Printed in Japan
ISBN 978-4-583-11635-8 C2075